일곱 색깔 정거장

스스로 공부하는 나를 만나는 길 **일곱 색깔 정거장**

펴 냄	2009년 9월 10일 1판 1쇄 박음 • 2009년 9월 20일 2판 1쇄 펴냄
지 은 이	김정수
펴 낸 이	김철종
펴 낸 곳	(주)한언
	등록번호 제1-128호 / 등록일자 1983. 9. 30
주 소	서울시 마포구 신수동 63-14 구 프라자 6층(우 121-854)
	TEL. 02-701-6616(대) / FAX. 02-701-4449
책임편집	윤혜영
디 자 인	양미정 · 백은미
홈페이지	www.haneon.com
e-mail	haneon@haneon.com

이 책의 무단전재 및 복제를 금합니다.

잘못 만들어진 책은 구입하신 서점에서 바꾸어 드립니다.

ISBN   978-89-5596-539-1   43370

일곱 색깔 정거장

김정수 지음

한그

일곱 색깔 정거장은
여러분의 마음 속에 있습니다.

전교 100등도 1등이 될 수 있다고?

예전에 나는 한 잡지와의 인터뷰에서 이렇게 말한 적이 있다. "IQ 100 이상이면 누구나 우등생이 될 수 있다!" 만약 이 말이 허황되게 들린다면 그것은 우리가 인간의 능력을 과소평가하기 때문이다. 실제로 나는 상담을 통해 전교 100등이던 학생을 전교 1등이 되도록 도와준 적이 있다. 인간의 가능성은 우리가 생각하는 것보다 훨씬 넓고 무한하다. 단지 우리가 그 가능성을 일깨울 수 있는 방법을 모르고 있을 뿐이다. 그렇다면 그 방법이란 무엇일까? 가장 먼저 자신이 목표로 한 점수를 받고 원하는 대학에 합격하려면 구체적으로 무엇을 어떻게 해야 할까? 더 나아가 자신이 정말 원하는 공부를 신나게 할 수 있는 방법은 무엇일까? 이 물음에 답하는 것이 바로 이 책의 존재이유이다.

언론에 소개되기 전부터 나는 이미 강남에서 '공부 잘하는 법'을 알려주는 의사로 꽤 알려져 있었다. 실제로 많은 학생과 학부모들이 내가 진료하는 공부 클리닉을 찾아왔다. 의사라는 명함 때문일까? 많은 학부모들이 약을 처방하듯 내가 '공부를 기가 막히게 잘하는 비법'을 처방해줄 거라는 기대를 갖고 있었다. 나를 찾아오는 사람들은 공부 잘하는 특별한 방법이 있다면 지옥이라도 찾아가 구해보려 할 만큼 간절한 사람들이었다. 그렇다면 이렇게 간절한 학부모와 학생들에게 내가 뭔가 특별한 비법을 알려줬을까? 전혀 아니다.

공부를 위한 3요소

나는 족집게 학원 강사도 아니고 교육학이나 학습법을 연구한 학자도 아니다. 나는 특별한 공부법을 학생들에게 강요하지도 않는다. 그보다는 좀 더 근본적인 이야기를 한다. 공부를 잘하기 위한 공부법을 찾기에 앞서 2가지가 반드시 충족되어야 한다. 첫째는 공부하는 사람의 '마음 상태'이며, 둘째는 '집중력'이다. 공부법은 사실 제일 마지막에 생각해야 할 문제이다. 이 두 가지가 충족되지 않은 채로 공부법에 매달리는 것은 모래 위에 집을 짓는 것과 마찬가지다. 다음 그림을 보자. 단단하고 안정된 마음 상태 위에서 집중력과 공부법도 제 자리를 잡을 수 있다. 마음 상태가 불안하다면 공부법이 아무리 좋아도 공부의 기반이 모두 흔들리고 만다.

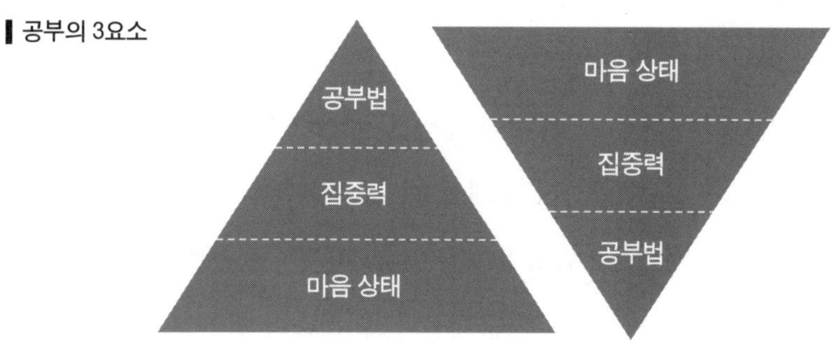

나는 이 세 가지를 '공부의 3요소'라고 부른다. 우선 공부를 하고 싶은 마음 상태가 되어야 하고, 최대한 집중할 수 있는 방법을 알며, 마지막으로 자신에게 적합한 공부법을 찾아야 한다. '마음 상태'와 '집중력'이 준비되지 않았는데 공부법에만 매달린다면 효과가 거의 없거나 오히려 부작용만 일어날 수 있다.

학생들은 하나같이 말한다. "저는 머리는 좋은데 노력을 안 해요." "무엇을 위해 공부해야 하는지 모르겠어요." "집중력은 좋은데 끈기가 없어요." "게임만 안 하면 공부를 잘할 수 있어요." "공부하다가 딴 생각만 안 하면 좋을 텐데." "시험 볼 때 긴장해서 실수를 많이 해요." 이것은 모두 이 책에서 다루고자 하는 마음의 문제이다. 아마 많은 학생들이 이 같은 고민을 하고 있겠지만 이것이 마음의 문제라고 생각해

본 적은 없을 것이다. 단지 자신이 끈기가 없거나 머리가 나쁘기 때문이라고 생각했을 것이다. 하지만 자책은 이제 그만해도 좋다.

여러분이 마음의 문제만 제대로 이해한다면 IQ나 끈기는 문제가 되지 않는다. 스스로 동기부여하는 법을 몰랐고, 내면에 숨어 있는 목표를 발견하지 못했으며, 공부에 대한 가치체계가 제대로 잡혀 있지 않았을 뿐이다. 자신의 감정 상태를 잘 알아차리지 못했고, 자기절제나 태도, 열정에 좀 문제가 있었을 뿐이다. 이것은 공부하는 학생이라면 누구나 갖고 있는 일상적인 문제이다. 여러분이 위와 같은 문제로 고민하고 있다면 자신에게 맞는 책을 집은 것이다. 이 책은 바로 이러한 질문에서 출발한다. 공부를 잘하기 위한 최상의 마음 상태를 만들어줄 것이다. 그러기 위해서 공부에 가장 중요한 일곱 가지 마음 상태를 살펴볼 것이다.

1. **동기(Motivation)** – 어떻게 하면 공부하고 싶은 마음이 생길까?

2. **목표(Goal)** – 무엇을 목표로 공부해야 할까?

3. **가치체계(Value System)** – 공부는 나에게 어떤 가치가 있을까?

4. **감정(Emotion)** – 나의 감정은 차분하고 고요한가?

5. **자기절제(Self Control)** – 충동적인 욕구를 어떻게 조절할까?

6. **태도(Attitude)** – 어떤 태도를 가져야 할까?

7. **열정(Energy)** – 끊임없이 에너지가 샘솟게 할 수 없을까?

일곱 색깔 정거장을 만나다

이 책은 크게 세 부분으로 이루어져 있다. 1부에서는 공부 잘하기 위한 마음 상태란 무엇인지 살펴볼 것이다. 2부에서는 공부에 가장 중요한 일곱 가지 마음 상태에 대해 알아보고, 각 영역별로 자신의 마음 상태를 최상으로 끌어올리기 위한 전략을 제시한다. 일곱 가지의 마음 상태 중 한두 가지만 변해도 성적에 큰 변화가 생길 수 있다. 부록에서는 '집중력'을 최대로 끌어올리는 방법과 자신에게 꼭 맞는 '공부법'을 찾도록 도와줄 것이다.

이 책은 결코 '이렇게 해라, 저렇게 해라' 강요하지 않는다. 그보다는 편하게 읽으면서 마음 여행을 할 수 있도록 도와줄 것이다. 어떤 일을 하든 자신의 마음을 아는 것만큼 중요한 일은 없다. 공부도 마찬가지다. 공부하기에 가장 알맞은 마음 상태를 만들기 위해 무엇을 어떻게 해야 할지 스스로 길을 찾기 바란다. 여러분이 지금까지 공부를 잘해왔다면 이 책은 더욱 잘할 수 있는 토대를 만들어 줄 것이다. 또한 열심히 하는데도 도무지 성적이 오르지 않는다면 그 원인을 진단하고 해법을 제시해줄 것이다.

마음속에 길이 있다. 정거장을 따라 걸으면서 마음속에서 들려오는 소리, 마음이 보여주는 것들에 주의를 기울이다 보면 여러분의 마음은 차분하고 고요해질 것이다. 그런 다음 원하는 공부를 하길 바란다. 나는 여러분의 마음 여행을 안내하는 충실한 길잡이가 되고 싶다.

CONTENTS

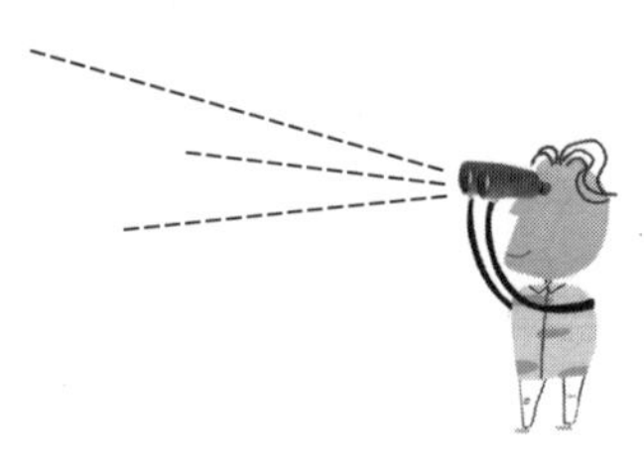

PART O1

무조건 열심히 공부하지 마라

Chapter 01

마음을 알면
공부가 쉬워진다

도대체 어디에 망치질을 해야 할까?

수백만 개의 계산을 동시에 해치우는 슈퍼컴퓨터가 있었다. 그런데 어느 날 컴퓨터의 모든 기능이 멈춰버렸다. 이 컴퓨터를 책임지던 관리자는 어찌할 줄을 몰랐다. 한 대에 몇 억이나 하는 컴퓨터가 망가졌으니 그럴 만도 했다. 처음에는 덮개를 열어 내부를 말끔히 청소하고 오래된 부품도 교체했다. 며칠을 수리하려고 애썼지만 컴퓨터는 제대로 작동되지 않았다. 급기야는 컴퓨터를 발로 걷어차기도 했지만 아무 소용이 없었다.

어쩔 수 없이 세계 최고의 컴퓨터 수리공에게 급히 와달라고 부탁했다. 그는 멀리서 비행기를 타고 작은 서류가방을 든 채 찾아왔다. 관리자는 그 기술자에게 자초지종을 설명하고 수리가 가능한지 물었다. 수리공은 컴퓨터 앞에 다가가 앉았다. 여기저기 살펴보더니 "고칠 수 있겠습니다" 하고 말했다.

수리공은 컴퓨터를 더 면밀히 살펴보더니 가방을 열고 작은 은망치를 꺼냈다. 그리고 세 군데 가볍게 망치질을 했다. 그러자 갑자기 컴퓨터가 소리를 내며 정상 작동되는 것이 아닌가!

관리자는 "정말 대단하군요. 당신은 역시 이 분야의 최고임에 틀림없어요" 하고 감탄하며 수리비가 얼마인지 물었다. 기술자는 "2만 5천 달러 75센트입니다"라고 말했다. 관리자는 어안이 벙벙해져 말했다. "아니 겨우 망치질 3번 해놓고 너무 비싼 거 아닌가요? 그 금액이 어떻게 나온 건지 구체적으로 말씀해주세요." 그러자 기술자는 기꺼이 내역을 적은 쪽지를 그에게 내밀었다.

망치질 3회 : 총 75센트(1회당 25센트)
어디에 망치질 할지 아는 것 : 2만 5천 달러

갑자기 웬 은망치 이야기를 풀어놓는 것일까요? 아마 눈치가 빠른 학생들은 필자의 의도를 이해했을 겁니다. 이 이야기 속에 공부를 잘하는 비밀이 숨어 있기 때문이지요. 슈퍼컴퓨터의 관리자는 컴퓨터를 고치기 위해서 며칠을 고민했지만 해결하지 못했습니다. 하지만 기술자는 잠시 훑어보고 나서 간단히 해결했지요. 이 두 사람의 차이는 무엇일까요? 바로 '문제의 원인을 알고 있는가'의 차이입니다. 문제의 원인을 모른 채 그 문제를 해결하려고 덤비는 것은 어리석은 일이니까요.

공부도 마찬가지입니다. 누구나 공부를 잘하고 싶어 합니다. 하지만 자신이 공부를 잘하지 못하는 원인을 제대로 알고 그것을 고치려고 노력하는 학생이 몇이나 될까요? 문제는 다른 곳에 있는데 엉뚱한 곳에서 해법을 찾고 있지는 않은지요. 문제의 원인을 모른다면 하루에 3~4시간씩만 자고 공부해도 아무 소용이 없습니다. '나는 열심히 공부하는데 왜 성적은 제자리일까?' '아무리 공부를 열심히 해도 원하는 만큼 성적이 나오지 않아.' 이런 의문을 갖고 있나요? 하지만 여러분의 공부법이나 노력에 문제가 있는 것이 아닙니다.

이제는 무작정 공부하지 말고 도대체 어디에 무슨 문제가 있는지 먼저 고민해야 합니다. 원래 문제의 원인이라는 것은 겉으로 잘 드러나지 않는 법입니다. 따라서 겉으로 드러난 현상을 해결한다고 해서 문제가 해결되는 것은 아닙니다. 현상이 아닌 원인을 해결해야만 근본적인 문제를 해결할 수 있습니다.

이 책은 겉으로 보이지 않는 원인을 찾도록 돕고 그 해법까지도 알려줄 것입니다. 그러기 위해서 우리는 함께 마음 속 여행을 떠날 것입니다. 여러분이 마음속에 어떤 문제를 안고 있든 간에, 필자의 이야기에 귀 기울이다 보면 공부를 방해하는 마음의 문제 몇 개쯤은 거뜬히 해결하고 이 책을 덮을 수 있을 것입니다. 믿어도 좋습니다. 지금까지와는 공부를 다르게 대하게 될 테니까요.

나도 내 마음을 몰라

고등학교 2학년인 석준이가 클리닉을 찾아온 것은 어느 스산한 늦가을의 오후였습니다. 둔탁한 노크소리와 함께 석준이가 진료실로 들어왔지요. 나는 조심스럽게 의자에 앉아서 석준이의 얼굴을 쳐다봤습니다. 석준이는 기운 없는 목소리로 말했지요.

"공부하기 싫어요." 그리고는 이내 입을 다물었습니다.

필자는 몇 분 정도 석준이의 표정을 살피다가 말을 건넸습니다.

"좀 더 얘기를 해주겠니?"

"중학교 3학년 1학기까지는 공부를 잘 했어요. 전교 최상위권이었죠. 그런데 여름방학이 지나면서 공부에 대한 관심이 줄어들더라고요. 왠지 공부하기 싫고 록*rock*음악에 빠지게 됐어요. 여자 친구도 사귀게 됐고요."

석준이는 중학교 3학년 2학기 중간고사 때부터 성적이 떨어지기 시작했고 고등학교에 오면서 그 정도가 좀 더 심해졌다고 했습니다. 지금도 공부하고 싶은 마음이 들지는 않지만, 막상 공부를 안 하려니 불안하고 때론 우울하다고 했지요. 석준이의 이야기에서 몇 년간 느껴왔을 고독과 우울이 강하게 전해졌습니다.

우등생이던 석준이에게 공부는 자신의 가치를 나타내는 척도인 동시에 존재의 의미였습니다. 그런데 성적이 조금씩 떨어지더니 가족들도 실망할 만한 성적이 나왔지요. 결국 석준이는 공부뿐만 아니라 자신의 가치를 의심하기 시작했습니다. 자신보다 더 뛰어난 형과 성공한 아버지를 보면서 언제부턴가 자신의 모습이 초라하게 느껴졌지요. 그럴 때마다 평소 흥미를 느끼고 재능이 있다고 여겼던 음악은 마음을 편안하게 해주는 휴식처가 되었습니다. 음악을 들으면 현실을 잊을 수 있었기 때문에 점점 더 음악의 세계에 빠져들게 된 것입니다.

'공부 잘하는 아이' 라는 것은 석준이가 자신에 대해 갖고 있던 이미지였습니다. 하지만 성적이 떨어지자 석준이는 자신의 가치도 동시에 떨어진 것처럼 느끼게 되지요. 공부는 더 이상 석준이에게 자신을 나타내는 아이콘이 될 수 없었습니다. 자신의 존재를 나타냈던 공부가 의미 없어지자 우울해진 것이지요. 하루하루 다가오는 수능시험과 주변의 기대는 석준이를 더욱 견디기 힘들게 만들었습니다.

공부와 연관된 스트레스가 가중되면 공부의 의미가 변질되고 정서적인 혼란은 커질 수밖에 없었습니다. 왜 공부를 해야 하는지, 열심히 한다면 얼마나 할 수 있는지에 대한 의구심이 생기기 시작하지요. 그러면서 자신에 대해 여러 가지 생각을 하게 됩니다.

이런 문제를 갖고 있던 석준이는 필자와 상담을 하면서 마음에 큰 변화를 경험했습니다. 마음의 상태가 변하자 생활습관이 변하기 시작했고 결국 원하는 의과대학에 합격했지요. 나는 석준이가 의과대학에 합격했다는 것을 말하고 싶은 것이 아닙니다. 중요한 것은 석준이가 다시 공부하겠다는 마음과 의욕을 되찾았다는 점입니다. 무엇이 석준이의 마음을 변하게 만들었을까요?

너 자신을 알라

　지금은 공부를 못하지만 앞으로 잘하고 싶나요? 그렇다면 변화하고 싶다는 말입니다. 변화란 자신의 목표와 현재 사이의 거리를 좁히는 일이지요. 반에서 20등을 하는 아이가 1등을 하고 싶다면 그것도 변화하고 싶다는 뜻입니다. 이를 위해서는 자신이 도달하고자 하는 목표(몇 등을 하고 싶은가?)와 현재 자신의 위치(나는 현재 몇 등인가?)를 객관적으로 바라보고 자신의 문제가 무엇인지를 알아야 합니다. '나는 공부를 잘하고 싶고 열심히 노력하는데도 왜 안 되는 것일까?' 이렇게 자신의 문제를 한 문장으로 만들어볼까요?

　여러분 모두 소크라테스가 남긴 불후의 명언 "너 자신을 알라"를 알고 있지요? 이 말이 명언인 이유는 많은 사람들이 자기 자신에 대해 잘 알고 있다고 생각하지만 실제로는 그렇지 못하기 때문입니다. 공부를 잘하기 위해서도 자신에 대해 먼저 이해하고 있어야 합니다. 만약 원하는 만큼 성적이 나오지 않는다면 그 동안 어떤 생각으로 공부를 해 왔으며, 공부가 자신에게 어떤 의미인지, 왜 슬럼프가 찾아왔는지 이해하고 그 과정을 객관적으로 받아들여야 합니다. 석준이 역시 가장 먼저 자신의 문제의 원인이 무엇인지 알아가는 과정을 겪었습니다. 여기에는 용기가 필요합니다. 사람들은 자신이 가진 문제점을 잘 인정하지 않으려는 경향이 있기 때문이지요. 일단 용기를 가지고 자신의 문제를 받아들였다면 더 이상 그것을 피하지 말아야 합니다. 그래야 마음속에서 변화가 일어나기 시작합니다. '공부를 해야겠다' 는 자신만의 진정한 의욕과 재미를 찾을 수 있는 것이지요.

급하게 길을 걸을 때는 주위에 어떤 가게가 있는지, 내가 어떤 길을 가는지 잘 알지 못합니다. 차분한 마음으로 다시 한 번 자신이 걸어온 길을 돌아보면 보이지 않던 것이 보이지요. 석준이의 경우 공부에 욕심이 많았지만 기분과 컨디션에 영향을 받아 성적이 떨어지는 것을 받아들일 마음의 여유가 없었습니다. 성적이 떨어지자 자신을 책망하고 자신감도 떨어졌지만 그냥 기분이 좀 상한 것이라고 생각하고 음악과 이성 친구에게서 마음의 위안을 얻곤 했었지요.

그것은 일시적인 편안함을 주었겠지만 공부를 열심히 하고 싶었던 원래의 마음에서 더 멀어지게 만들었습니다. 결국 석준이는 다시 우울한 기분에 빠질 수밖에 없었죠. 상담을 하면서 석준이는 중학교 때 공부를 열심히 했던 이유와 공부가 싫어진 이유 그리고 공부를 원하고 있는 자신의 모습을 발견할 수 있었습니다. 석준이는 자신의 감정을 깨닫고 이해하게 됨으로써 공부에 대한 동기와 의욕을 되찾을 수 있었던 것입니다.

재미있는 이야기를 하나 소개하겠습니다. 《상자 안에 있는 사람 상자 밖에 있는 사람》이라는 책에 소개된 이야기인데, 자기 자신을 안다는 것이 얼마나 중요하고 어려운지 알려줍니다.

오스트리아의 한 산부인과에 저명한 의사가 있었다. 그는 수많은 실험과 해부 경험을 통해 많은 지식을 가지고 있었다. 그런데 이상하게도 그 병원의 사산율이 다른 병원에 비해 훨씬 높았다. 그 원인을 밝히고자 의사는 사산된 시체와 함께 밤을 세워가며 연구를 계속했다. 그러나 좀처럼 원인은 밝혀지지 않았고 사산율을 더 높아지기만 했다. 그러던 어느 날 그 의사가 학회에 참석하기 위해 오랜 기간 병원을 비우게 되었다. 그런데 이상하게도 그가 병원을 비우는 동안 사산율이 다른 병원 수준으로 뚝 떨어진 것이다. 이 사건을 통해 의사는 사태 전반을 다른 시각에서 점검하기 시작했고 원인이 자신에게 있었다는 것을 알게 됐다. 의사는 자신의 전문성을 높이기 위해 사산된 시체를 해부하고 연구했는데 그 과정에서 의사의 몸에 붙은 세균이 산모에게 영향을 준 것이다. 원인은 의사 자신에게 있었는데 그것을 외부에서 찾으려고 하다가 오히려 상황을 악화시켰던 것이다.

대부분의 학생들이 만족스럽지 못한 청소년기를 보내고 있으며 상당한 스트레스를 느낀다고 합니다. 청소년기는 일생에서 가장 높은 수준의 스트레스에 노출되는 시기입니다. 새롭게 많은 정보를 받아들이고 인간관계도 확장되기 때문이지요. 청소년기에는 자신의 정체성을 확립하고 친구와 선후배 관계를 통해서 세상에 적응하는 방법을 배웁니다. 또한 공부를 통해 자신의 미래를 준비합니다. 하지만 이 시기에 주어진 많은 과제에 비해 상대적으로 그것을 감당해낼 능력은 충분하지 않습니다. 따라서 청소년기의 스트레스는 피할 수 없는 운명인 셈이지요. 그러니 여러분은 자신이 못났다고 탓하지 않기 바랍니다.

스트레스는 교우관계, 가족관계, 학업문제 등 여러 가지 문제가 원인이 되기도 하지만 그 중에서도 공부는 청소년들을 가장 힘들게 합니다. 열심히 공부하는 학생은 물론이며 노는 것을 좋아하거나 게임에 빠져 있는 학생들도 내심 성적이 올랐으면 좋겠다고 기대합니다. 그러나 거의 모든 학생들은 자신의 성적에 만족하지 못하고 원하는 성적 또한 얻지 못하고 있습니다. 안타까운 현실이지요.

공부에 관심을 가지고 나름대로 노력하는데도 불구하고 원하는 만큼의 성적 나오지 않는 이유는 어디에 있을까? 나는 머리가 좋지 않은 걸까? 열심히 하지 않아서일까? 집중력이 부족한 것일까? 공부방법이 잘못된 것일까? 학습교재나 학원을 잘못 선택한 것은 아닐까? 나는 원래 공부를 싫어하는 성격이 아닐까? 혹시 특수한 학습장애가 있어서 그런 것은 아닐까? 많은 학생들이 학습부진의 원인이 대해 위와 같은 생각을 가지고 있습니다.

대부분의 경우 학습부진의 원인은 한두 가지로 설명되지 않으며 개인에 따라서 많은 차이가 있을 수 있습니다. 때로는 학습장애, 수면과다증, 주의력결핍증, 정신지체, 청소년우울증, 불안장애, 강박증 등 뇌 혹은 정신 질환이 학습부진의 원인인 경우도 있습니다. 하지만 실제 학습부진의 원인은 이런 문제와는 무관한 경우가 대부분입니다.

2005년부터 2007년까지 성모의원과 '클리닉 비' 학습클리닉을 내원한 중고생 409명의 학습부진 원인을 분석했다. 그 결과 IQ와 지적 능력에 문제가 있었던 학생은 15명(3.7%)에 불과했고, 심각한 정신병리가 있었던 학생도 27명(6.6%)에 지나지 않았다. 반면 정서 및 감정의 문제가 158명(38.6%)으로 가장 큰 원인이었으며, 동기부족이 118명(28.9%)으로 나타났다. 감정과 동기부족 같은 마음의 문제를 가진 학생이 276명으로 전체 학습부진 원인의 67.5%를 차지했으며, 집중력에 일차적 문제를 가진 학생도 74명(18.1%)이었다.

세상의 모든 문제가 그렇듯이 원인이 분명히 밝혀져야 그에 걸맞은 해결책도 찾아낼 수 있습니다. 그럼에도 불구하고 우리는 문제의 출발점이자 근본적인 원인에 대해 크게 고민하지 않거나 애써 외면합니다. 단순히 학원이나 교재를 바꾸고 유행하는 공부법을 따라하면서 문제를 너무 쉽게 해결하려고 합니다. 문제는 바로 여기에 있습니다. 잘못된 진단과 잘못된 처방!

잘못된 처방으로는 당연히 문제를 해결하지 못합니다. 처방대로 했는데도 원하는 결과를 얻지 못하면 오히려 더 큰 좌절감을 느끼고 공부에 대한 흥미도 더 떨어질 뿐이지요. 필자는 학습부진으로 고생하는 학생들과의 만남에서 그러한 사례를 많이 보았습니다. 그럴수록 학습부진을 해결하기 위해 보다 근본적인 문제를 살펴봐야 한다는 확신을 가지게 되었습니다.

· 나름대로 열심히 공부하지만 성적이 오르지 않는다.

· 책상에 오래 앉아 있는데도 성적이 오르지 않는다.

· 언제부턴가 공부에 흥미가 없어졌다.

· 그냥 공부하기 싫다.

· 성적이 갑자기 떨어졌다.

· 시험만 보면 점수가 잘 나오지 않는다.

누구나 이와 같은 문제를 겪은 적이 있거나 겪는 중일 것입니다. 그런데 이런 문제들은 겉으로 드러난 현상일 뿐입니다. 이 책을 읽으면서 문제의 진짜 원인을 찾고 해결하는 방법에 대해 함께 고민해봅시다. 더불어 자신에 대해 생각해보는 시간이 되기 바랍니다.

'무조건 열심히'라는 함정에 빠지지 마라

어떤 일에서든 성공하고자 한다면 '노력'은 매우 중요한 덕목이자 전제조건입니다. 공부에서도 마찬가지입니다. 그렇다면 노력만 하면 좋은 성적을 얻을 수 있을까요? 공부를 잘하기 위해 '노력'은 분명 필요하지만 그것만으로 충분하지 않습니다.

중세시대 길을 가던 한 신부(神父)가 어느 마을 어귀에서 열심히 돌을 다듬고 있는 석공들을 만나게 되었다. 그는 가던 발길을 멈추고 한 석공에게 다가가 이렇게 물었다. "당신은 지금 무엇을 하고 계십니까?" 그러자 그 석공은 "보면 몰라요? 돌을 다듬고 있지 않습니까?"라고 퉁명스럽게 대답했다. 그가 만든 주춧돌은 형편없었다. 신부는 다시 다른 쪽에서 일하고 있는 석공에게 다가가 같은 질문을 던졌다. 이 석공은 "먹고 살기 위해 돌을 다듬고 있소"라고 대답했다. 그가 만든 주춧돌은 그런대로 봐줄만 했다. 호기심이 발동한 신부는 주춧돌을 아주 정성스럽고 멋지게 다듬고 있는 석공을 찾아가 똑같은 질문을 던졌다. 그러자 그 석공은 "예! 저는 여기 세워질 성전에 놓일 주춧돌을 다듬고 있는 중입니다"라고 밝은 얼굴로 대답했다.

위의 이야기에 나오는 세 석공들은 똑같이 돌을 다듬는 일을 하고 있습니다. 그러나 신부의 눈에 그들이 일하는 모습은 확연히 달라 보입니다. 왜일까요? 완성될 성전의 모습을 머릿속에 그리면서 맡은 바 소임을 다하고 있던 석공은, 분명 다른 석공들보다 훨씬 더 많은 열정과 노력을 쏟고 있기 때문입니다. 그리고 그 석공은 훗날 자식들에게 자신이 성전 건축에 참여했노라고 자랑스럽게 얘기할 것입니다.

이 이야기는 똑같은 시간에 같은 방법으로 열심히 일하지만 마음가짐(mindedness)이나 목표설정(goal setting)에 따라 결과에 큰 차이가 생긴다는 교훈을 줍니다. 적절한 마음가짐이나 목표설정이 없는 지나친 노력은 에너지를 소모시키고 효율을 떨어뜨려 장기적으로 공부에 대한 열정을 갉아먹습니다.

축구선수가 90분 내내 열심히 뛰어다닌다고 해서 승리가 보장되지는 않습니다. 경기가 끝나기도 전에 쓰러질 수 있으며 다리에 쥐가 날 수도 있지요. 어쩌면 다음 경기에 출전할 수 없는 몸 상태가 될 수도 있습니다. 열심히 하려는 마음은 좋지만 상황에 따라서 체력을 관리해야 효율적으로 경기를 이끌 수 있는 것이지요. 우리는 열심히 공부해야 하지만 '지혜로운 노력'이 필요합니다. 따라서 먼저 무조건 열심히 해야 한다는 강박관념에서 벗어나기 바랍니다. 무엇이든 지나치면 부작용이 있는 법이지요.

더위가 한 풀 꺾인 9월초, 짧은 머리에 맑은 눈매를 가진 민수를 만났습니다. 얼핏 봐도 공부를 잘할 것 같은 학생이었죠. 민수는 특목고에 입학할 정도로 우등생이었으며 고등학교 생활도 매우 성실하게 했지요.

"재수생인데 공부할 때 자꾸 노랫소리가 들려 집중이 안 돼요."

"많이 불편하겠네. 어떤 노랫소리가 들려?"

"예전에 들었거나 지나가다가 들었던 노래가 자꾸 머릿속에서 맴돌아서 너무 괴로워요."

"언제부터 그런 것 같아?"

"고등학교 3학년 1학기 말부터 시험 걱정을 많이 하면서 가끔씩 그랬는데 작년 수능 시험을 망치고 재수를 하면서 더 심해졌어요. 올해는 진짜 잘 봐야 하는데 걱정이에요."

민수는 자율신경검사 결과 자율신경계가 다소 불안정하고 교감신경과 부교감신경(31쪽 참고)의 불균형 때문에 심신의 불안이 심한 상태였습니다. 기본적으로 성실하고 뛰어난 능력을 가지고 있는데 왜 불안이 심하고 능력 발휘가 잘 되지 않았을까요? 그리고 왜 노랫소리까지 들리는 증상이 생겼을까요?

상담결과 민수는 오랫동안 '노력의 과잉' 상태에 있었습니다. 며칠 동안 2~3시간 밖에 자지 않고 하루 종일 도서관과 집에서 휴식도 없이 공부에만 전념했다고 합니다. 열심히, 완벽하게 공부해야 한다는 강박관념에 시달린 것이지요. 하지만 인간의 두뇌와 집중력에는 한계가 있습니다. 공부의 양이 일정분량으로 정해져 있을 때는 큰 문제가 없지만 범위가 넓어지고 지속시간이 길어지면 마음과 뇌에 과부하가 걸리지요. 이 때문에 피로가 더 쉽게 쌓이고 기억력도 떨어집니다. 이러한 증상은 모두 뇌가 우리 몸에 쉬라는 신호를 보내는 것이지만 민수는 만족스럽지 못한 성적과 집중력 저하를 자신의 노력 부족 때문이라고 생각했습니다. 그래서 자신을 탓하고 불안해하면서 '더 열심히' 했던 것입니다.

노력의 과잉 상태가 계속되자 민수는 공부한 만큼 성적이 나오지 않을 것을 염려하게 되었고 염려는 현실이 되어버렸습니다. 그럼에도 자신의 문제가 무엇인지 알 수 없었던 것이지요. 재수를 하면서도 실수를 만회하기 위한 지나친 '노력'을 그만두지 않았습니다. 하지만 그럴수록 모의고사 성적은 원하는 만큼 나오지 않았고 점점 더 불안을 느끼게 되었지요. 이 때문에 노랫소리가 들리는 증상까지 생긴 것입니다.

민수는 쉽게 자신의 문제를 이해하고 받아들이지 못했습니다. 그러나 깊이 있고 진솔한 대화를 통해 과거 자신의 생활과 공부 방식을 돌아보게 되었지요. 이 과정에서 '열심히 노력하고 완벽함을 추구하는 것'과 '지혜롭게 노력하는 것'의 차이를 이해하기 시작했습니다. 결국 '불안'이 아닌 '편안함'으로 공부하게 된 것이지요.

시간이 지나고 수능시험이 다가왔지만 민수는 더 이상 불안하지 않았습니다. 오히려 마음은 더 편안해졌고 노랫소리가 들리는 증상도 사라졌습니다. 민수가 수능에서 원하는 성적을 얻게 된 것은 당연한 결과였습니다. 처음 목표했던 대학에 합격했다는 기쁜 소식을 들을 수 있었지요.

민수는 자신의 문제를 모른채로 그저 더 열심히 하거나 새로운 공부법을 쓰지 않고 문제를 해결했습니다. 자신이 가장 효율적으로 공부할 수 있는 마음 상태를 만들고 나니 성적이 오르기 시작한 것입니다. 그러니, 문제는 공부 방법이 아닐 수도 있습니다. 무작정 열심히만 하면 된다고 생각하지 말고 자신의 마음을 한번 들여다보기 바랍니다. 그리고 열심히 공부하기 위한 마음 상태가 되어 있는지 점검해보세요.

성공하는 사람들, 자신의 삶을 가치 있게 살아가는 사람들, 효율적으로 공부하며 성취감을 느끼는 청소년들에게는 자신만의 성공 요인이 있습니다. 이들의 공통점은 건강하고 준비된 마음 상태를 지녔다는 것입니다. 이것은 가장 기본적이고 핵심적인 성공 요인입니다.

우리 몸에는 심장의 박동이나 호흡처럼 우리의 의지로 통제할 수 없는 신체활동을 관장하는 신경계가 있다. 이를 자율신경계라고 한다. 자율신경계에는 교감신경과 부교감신경으로 나뉘는데, 교감신경계는 우리 몸을 불안하고 예민한 상태로 만들어주고, 부교감신경은 편안한 휴식상태로 만들어준다. 이 두 신경계가 서로 균형을 이루어야 우리 몸이 스트레스에 대응할 수 있다. 스트레스가 지나치면 두 신경계의 균형이 깨져서 스트레스에 대한 대응력이 떨어지고 마음이나 몸에 문제가 생긴다. 시험 때문에 스트레스가 심한 경우에도 교감신경계가 지나치게 흥분하여 뇌기능이 떨어진다.

공부법에 목숨 걸지 마라

우리는 입시를 전쟁이라고 부르는 시대에 살고 있습니다. 전쟁 중에 무기상이 부자가 되는 것처럼 매일같이 그럴듯한 이름을 가진 수많은 공부법들이 쏟아져 나오고 있습니다. 아마 여러분도 한번쯤은 접해봤을 것입니다. '○○학습법' '○○기억법' '절대고수의 노트필기법' 등. 잠깐 인기를 끌다가 새로운 공부법이 나오면 금세 사라지곤 하지요. 물론 공부를 잘하는 데 공부법은 중요합니다. 더 좋은 무기를 가지면 전쟁에서 이길 확률이 높은 것처럼 말이지요.

분명 공부법에 관심을 가질 필요가 있습니다. 정보를 접하는 방법(읽는 방법과 보고 듣기), 정보를 정리하는 방법(노트필기와 개념정리), 다양한 기억방법, 복습방법, 시간관리, 효율적인 시험 준비 등으로 구성된 공부기술은 분명 필요합니다. 하지만 공부법에 정답은 없습니다. 자신에게 맞는 공부법이 있을 뿐입니다. 좋은 공부법이란 자신에 대해 충분히 알고 있을 때만 의미가 있습니다. 우선 자신의 기본 성격과 성향, 뇌의 특성을 잘 알고 이해해야 합니다. 이러한 상태에서 자기만의 학습방법을 발견하고 몸으로 익혀나갈 때 진정한 공부법이 되는 것입니다. 다른 사람의 공부법을 무작정 따라하다가는 낭패 보기 십상이지요.

학생들을 관찰해보면 개성이 모두 다릅니다. 음악을 좋아하는 학생이 있는가 하면 미술이나 체육을 좋아하는 학생이 있습니다. 이것은 각자 다른 재능을 지니고 있다는 뜻이기도 하지만 정보를 받아들일 때 선호하는 감각기관이 다르다는 뜻이기도 하지요. 예를 들어 영어단어를 암기할 때 눈으로 읽는 것을 좋아하는 학생도 있고, 듣는 것을 더 선호하는 학생도 있습니다. 직접 써보는 것을 좋아하는 학생도 있지요. 정보를 받아들이는 방식뿐만 아니라 정보의 정리나 시간활용도 개인마다 많은 차이가 있습니다. 같은 시간을 투자했을 때 복습하는 것이 더 효율적인 학생이 있는가 하면 예습하는 것이 더 효율적인 학생도 있습니다.

사실 세상엔 학생 수만큼의 공부법이 존재합니다. 각 개인의 개성과 특성이 모두 다르기 때문이지요. 자신에게 맞는 공부법을 찾기 위해서는 먼저 자신의 개인적인 특성과 지금까지의 공부습관을 잘 관찰(self-monitoring)해 보십시오. 언제, 어떤 방식으로 공부를 할 때 공부가 잘 되는지 관찰하고 그것을 기록해 보십시오. 저녁 때 더 집중이 잘되는 학생에게 무작정 아침형 인간이 되라고 강요할 수는 없지요. 본인이 집중할 수 있는 시간과 환경을 아는 것이 무엇보다 중요합니다.

만약 여러분이 2시간을 공부한다면 그 중 마지막 10분은 공부한 과정과 결과에 대해 스스로 평가하는 시간을 갖기 바랍니다. 간단하게 '공부일기'를 쓰는 것도 좋습니다. 매일 자신이 공부한 과정을 관찰한 일기를 나중에 한꺼번에 읽어본다면 자신의 공부습관을 더 쉽게 파악할 수 있을 것입니다.

공부가 자동차 여행이라면 마음은 엔진

우리는 대학 입학 때까지 적어도 12년을 공부합니다. 재수를 하게 되면 13년 혹은 14년이 걸리기도 하지요. 공부란 '나'라는 자동차를 몰고 미지의 세계로 나아가는 긴 여행입니다. 그런데 여행의 과정에서 생각지 못했던 많은 어려움을 만나기도 하며 때론 목적지에 도달하지 못하고 좌절할 수도 있습니다. 여행을 하기 전에 가졌던 기대와 설렘이 실제 여행이 시작되면 피곤함과 고생으로 바뀔 수 있습니다. 모든 것은 변화합니다. 상황이 바뀌고 돌발적인 문제가 발생하면 처음만큼 재미가 없을 수도 있습니다. 그렇다면 원하는 목적지에 무사히 도착하기 위해서 어떤 것들을 고려해야 할까요?

처음 여행을 시작할 땐 좋았던 도로가 일순간 자갈길이나 흙먼지 나는 비포장 도로로 바뀔 수 있습니다. 또한 갑자기 폭우나 폭설이 내려

여행이 지연되거나 사고가 날 수도 있지요. 도로사정과 날씨는 공부를 둘러싼 학습 환경을 의미합니다. 주변의 친구관계나 가족관계 그리고 학교나 학원의 환경일 수도 있습니다.

학습 환경이 우호적일 때는 문제가 없겠지만 날씨와 도로 사정이 변하듯이 자신의 뜻이나 의지와 무관하게 학습 환경이 부정적으로 변할 수 있습니다. 친한 친구와 다투면서 사이가 틀어지거나 왠지 친구들로부터 외면당하는 느낌이 들기도 합니다. 형제들과 비교 당하는 데서 심한 스트레스를 받기도 하지요. 또한 자신을 이해하지 않고 일방적으로 잔소리만 하는 부모에게 심한 반발심과 분노가 생길 수 있습니다.

주변 사람들과의 갈등이 심해지면 정서적인 안정이 흐트러지면서 공부를 방해하는데, 이는 자신이 조절하기 어려운 변수가 됩니다. 학교나 학원의 수업 방법이나 과제가 자신과 잘 맞지 않아 학습의욕을 떨어뜨리기도 하지요. 실제로 친한 친구와의 갈등, 이성 문제, 부모와의 갈등은 많은 청소년들이 호소하는 스트레스 요인이며 공부에 영향을 주는 학습 환경입니다. 하지만 날씨나 도로 사정은 여러분이 당장 바꿀 수 없기 때문에 있는 그대로 받아들여야 합니다. 자신이 바꿀 수 있는 것과 바꿀 수 없는 것을 구분할 줄 아는 지혜가 필요한 것이지요. 그래야 방법을 찾을 수 있습니다.

신이여,
부디 저에게 바꿀 수 없는 것을 받아들일 수 있는 평정과

바꿀 수 있는 것을 바꿀 수 있는 용기와

이 둘의 차이를 알아차릴 수 있는 지혜를 주시옵소서.

-독일의 철학자 프리드리히 크리스토프 외팅거의 기도문

날씨나 도로 사정이 외부조건이라면 이제 내부조건인 자동차 자체에 집중해봅시다. 때론 자동차 부품에 사소한 고장이 날 수도 있고 타이어에 구멍이 날 수도 있습니다. 자동차의 사소한 고장은 건강 문제나 컨디션의 기복이라 할 수 있지요. 공부를 잘하기 위해서는 체력과 건강을 유지하는 것에 관심을 가져야 합니다. 체력도 일종의 능력이기 때문이지요. 타이어의 상태, 도로 사정과 날씨 등은 여행에 영향을 줄 수 있는 중요한 요소입니다.

그러나 긴 여행의 성패를 좌우하는 것은 역시 자동차의 강력한 엔진과 연료입니다. 도로 사정이나 날씨는 자신이 통제하기 어려운 부분이며 시간이 해결해주는 문제입니다. 자동차의 잔고장이나 타이어의 상태는 그때그때 고치고 점검하면 여행을 크게 망치지 않습니다. 그러나 자동차 엔진에 근본적인 문제가 있거나 연료가 떨어진다면 여행 자체가 어려워집니다. 결국 목적지를 바꾸거나 포기할 수밖에 없게 됩니다. 자동차를 움직일 수 있는 강력하고 튼튼한 엔진과 연료만 있다면 상황이 어렵더라도 여행을 중단하지 않을 수 있겠지요.

공부가 여행이고 내가 자동차라면 우리의 '마음'은 바로 엔진입니다. 동기를 부여하고 목표를 설정하며 자신을 관리하고 에너지를 공급

하는 것이 우리 마음의 역할이지요. 이것이 우리가 마음에 대해 잘 이해하고 소중하게 관리해야 하는 이유입니다.

마음이 변하면 성적도 달라진다

공부를 잘하고 능력을 최대한 발휘하기 위해 고려해야 할 것은 매우 많습니다. 지능지수(IQ), 감성지수(EQ), 체력, 동기, 목표, 집중력, 학습교재, 교사, 공부법, 시간관리 등 많은 요인들이 있습니다. 이 모든 것을 한 문장으로 요약하면 '하고 싶은 마음이 있을 때(mind), 최대한 집중해서(concentration), 가장 효과적인 방법(study skill)으로 공부하는 것' 입니다. 바로 '공부의 3요소' 인 마음과 집중력, 공부법이지요.

진정으로 공부할 마음이 없다면 집중력에 문제가 생기는 것은 당연하며, 마음이 있더라도 자신의 마음과 달리 자꾸 잡념이 떠오르거나 멍해져 집중력을 유지하기 어려울 수 있습니다. 마음을 가지고 열심히 집중해서 하더라도 방법이 자신에게 맞지 않거나 효율적이지 않으면 노력 만큼의 학습 성과가 나오지 않을 수도 있습니다. 성적이 마음에 들지 않는 사람들은 다음 순서대로 자신에게 질문해보세요.

1. 너 정말로 공부하고 싶은 마음이 있니?
2. 최대한 집중해서 하고 있니?

3. 너에게 맞는 공부법을 찾았니?

필자는 공부와 성적문제로 고통 받는 학생들과 함께 고민하면서 매일 매일을 보냅니다. 부족한 집중력을 높이기 위해 함께 노력하고 알맞은 공부법을 찾기 위해 함께 고민합니다. 공부의 동기와 의지를 높이기 위해 누구와도 하지 못했던 마음속 깊은 대화를 나눕니다. 함께하면서 많은 변화를 지켜봤지만 이는 대부분 마음의 변화에서 시작됩니다. 실제로 그동안 만난 학생들 가운데 가장 극적인 변화를 보인 친구들은 마음에 근본적인 변화가 생긴 친구들이었습니다.

2005년 겨울 고등학교 진학을 앞둔 현주가 어머니의 손에 이끌려 클리닉을 찾아왔습니다. 어디에 가는지도 모르고 어머니를 따라왔다가 정신과에 오게 된 것을 알고 기분이 상해 있는 상태였지요.
"공부하기 싫은데 엄마가 자꾸 잔소리를 해서 짜증나요. 난 친구와 있는 게 좋아요."
"뭐가 좋은데?"
"그냥 마음이 편하고 재미있어요."

결론부터 말하자면 현주가 처음 필자를 만났을 때 학교 성적은 반에서 20등이었지만 상담을 한 이후에는 반에서 3등을 했습니다. 물론 현주에게는 공부를 충분히 잘할 수 있는 기본 능력이 있었지요. 다만 마음에 문제가 있었던 것입니다. 저는 현주가 자신의 마음을 볼 수 있도록 도왔을 뿐입니다.

자연스러운 감정 표현은 서로를 이해하고 마음의 문을 열 수 있도록 도와줍니다. 외동딸인 현주는 어머니가 직장에 다녔기 때문에 초등학교 때부터 혼자 보내는 시간이 많았고 자연스럽게 외로움을 느꼈습니다. 부모님의 애정과 관심을 원했지만 수줍음이 많은 현주는 속마음을 드러내지 못했죠. 점차 외로움을 숨기는 것에 익숙해졌지만 마음속으로는 외로움이 쌓여갔습니다. 하지만 현주가 공부를 열심히 했기 때문에 부모님은 큰 걱정을 하지 않았습니다. 몇 번 어머니에게 속마음을 말하기도 했지만 진지하게 받아들여지지 않았고, 현주는 불편한 감정을 표현해서는 안 된다는 것을 배웠지요.

그러다 중학교 2학년이 되었을 때 우연히 가까워진 친구들에게서 이해받고 있다는 느낌과 편안함을 경험하게 됐습니다. 당연히 친구들은 현주에게 마음의 위안이자 현실의 도피처가 되었지요. 현주가 마음의 문을 여는 데는 오랜 시간이 걸렸습니다. 오랫동안 닫혀 있던 마음의 방 안에는 누구도 손대지 않아 먼지가 수북이 쌓인 마음의 상처들이 있었지요. 이 마음들을 조심스럽게 다시 꺼내어 먼지를 털어내면서 외롭고 힘들었던 기억들이 살아났습니다. 그동안 부정했던 아픔과 괴로움 때문인지 현주는 많은 눈물을 흘렸습니다.

상담 이후에도 현주의 주변 상황은 그다지 달라지지 않았습니다. 하지만 현주가 달라졌죠. 현실에 직면할 수 있는 용기를 가지게 된 것입니다. 친구와의 관계도 중요하지만 자기 자신에게 집중할 필요가 있다는 것을 깨닫게 되었고, 공부의 필요성을 받아들이고 노력하려는 마음을 가지게 되었습니다. 결국 현주는 1학기 기말고사에서 지금까지 중 최고의 성적을 받을 수 있었습니다.

마음의 힘을 믿어라

　미국에서 실제로 있었던 이야기를 하나 들려드리겠습니다. 한 철도 역무원이 여름에 냉동차 안에 갇혀 죽은 채로 발견됐지요. 사고 전날 차에서 함께 일하던 사람이 실수로 사람이 차 안에 있는 줄 모른체 냉동차 문을 잠그고 퇴근해버린 것입니다. 문을 두드리고 소리 질렀지만 아무도 문을 열어줄 수 없었지요. 냉동차 바닥에는 '너무 추워 몸이 얼어붙는 것 같다. 차라리 그냥 잠들어 버렸으면 좋겠다' 라고 쓰여 있었습니다. 그런데 다음날 뒤늦게 발견된 역무원의 사인은 추위가 아니었습니다. 어찌 된 일일까요?

　놀랍게도 전날 밤 냉동차의 냉방기는 전혀 가동되지 않았고 차 안의 온도는 12.5°C였습니다. 얼어 죽을 것이라는 공포와 두려움이 역무원의 마음을 지배했고 그 생각이 실제로 역무원을 죽음으로 몰고 간 것입니다. 역무원은 냉동차 안에 갇힌 것이 아니라 얼어 죽을 수밖에 없다는 절망적인 생각에 갇혀 있었던 것이지요.

똑같은 조건 속에서 살고 있더라도 어떤 사람은 상황을 긍정적으로 받아들이고 어떤 사람은 부정적으로 받아들입니다. 똑같이 가난한 광부의 아들로 태어났지만 어떤 사람은 그것을 극복하고 유명한 축구선수가 되는가 하면, 다른 사람은 자신의 처지를 비관하며 잘못된 길로 접어들기도 합니다. 포드 자동차의 창시자인 헨리 포드는 이런 말을 남겼습니다. "할 수 있다고 생각하거나 할 수 없다고 생각하거나 어느 경우에든 당신이 옳다!" 무슨 말일까요? 여러분의 생각과 믿음, 태도가 결과의 성패를 좌우한다는 말입니다. 마음 먹기에 따라서 결과는 달라집니다.

1930년대 미국 메이저리그 '신시내티 레즈' 팀에 자니 밴터미야라는 투수가 있었습니다. 한쪽 팔이 없는 외팔이 투수였지요. 한쪽 팔만 가진 사람이 메이저리그 야구선수가 되었다는 것만으로도 정말 놀랍지요? 하지만 더욱 놀라운 것은 그가 1938년 두 차례나 노히트노런(투수가 상대 팀 선수에게 무안타, 무실점으로 경기에서 승리하는 것) 게임을 기록했다는 점입니다. 여러분이 만약 자니 밴터미야와 같은 처지라면 메이저리그에서 최고의 투수가 되겠다는 마음을 먹을 수 있었을까요? 대부분은 아닐 겁니다. 주어진 상황이 불공평하다고 불평만 하고 있을지도 모릅니다. 하지만 마음먹기에 따라 여러분은 상황을 극복하고 더 위대한 사람이 될 수 있습니다. 이것이 바로 마음의 힘입니다.

자신의 마음 알아차리기

마음의 힘을 제대로 사용하기 위해선 우선 자신의 마음에 대해 잘 알아야 합니다. 자각(自覺)이 필요한 것이지요. 우리는 생각보다 자신과 마음에 대해 잘 알지 못합니다. 특히 청소년들은 자신들이 느끼는 불편하고 부정적인 감정을 처리하는 데 익숙지 않습니다. 여러분은 마음에 대해 어떻게 생각하나요? 눈에 보이지 않는 추상적인 것이라고 믿나요? 그렇지 않습니다. 마음은 우리 몸속에서 살아 움직이며 역동적으로 변화하는 힘을 가지고 있습니다. 마음의 힘은 핸드폰 배터리와 같지요. 때로는 방전되기도 합니다.

마음의 상태는 봄철의 날씨처럼 수시로 바뀝니다. 그렇다고 변덕쟁이라고 생각할 필요는 없습니다. 기쁨·즐거움·희망·재미·우울함·불안·두려움·걱정·분노·짜증·질투는 모두 마음의 얼굴이고 표정입니다. 우리 모두가 얼굴과 체형이 다르듯이 마음도 저마다 다른 모습과 개성을 가지고 있습니다. 문제는 자신의 마음을 쳐다보기가 쉽지 않다는 것입니다. 청소년기에 더욱 그렇지요. 아직 성장하는 과정이고 다양한 심리적 상태를 경험해보지 못했기 때문입니다. 특히 부정적인 감정 상태는 잠재의식 속에 머무르며 은근히 자신을 괴롭힙니다.

또한 청소년기에는 부정적인 감정이 지나치게 과장되기도 하지요. 시험에 대해 지나치게 염려한 나머지 아는 것도 생각이 나지 않아 틀리고 마는 '시험 스트레스'가 대표적인 예이지요. 과장되고 왜곡된 감정은 현실을 제대로 보지 못하게 만들고 자신의 능력을 삼켜버립니다.

청소년기에는 스트레스에 민감할 수밖에 없으며 힘든 과정을 겪어야 합니다. 그럼에도 불구하고 이 시기의 고민은 매우 자연스러우며 또한 고맙기도 한 것입니다. 그래야 비로소 인생에 대한 진정한 도전이 시작되기 때문이지요. 우리는 자신의 현재 모습을 사랑하고 마음 상태를 돌봐야 하며 그것을 통해 현실에 도전해야 합니다. 그것이 우리가 존재하는 이유이며 나아가야 할 길입니다.

마음이 '공부모드' 일 때 뇌는 어떤 상태인가?

누구나 공부가 아주 잘되다가 어떤 때는 전혀 안 되는 경험이 있을 것입니다. 그냥 하기가 싫어서, 졸음이 밀려와서, 잡념이 떠올라서, 마음이 들떠서, 멍한 기분이 들어서, 답답한 기분이 들어서, 불안한 마음이 생겨서 등. 공부가 안 되는 이유는 상황에 따라 다르지만 결국 마음과 뇌가 공부에 적합하지 않은 상태이기 때문입니다. 뇌나 마음도 언제나 공부를 위한 상태로만 있을 수는 없겠지요.

뇌는 각성수준, 집중의 정도, 집중의 대상과 방향에 따라 여러 상태(mode)로 변화합니다. '각성수준' 은 수면상태와 졸리는 상태, 완전히 깨어 있는 상태로 구분되지요. '집중의 정도' 는 산만하거나 멍한 상태와 어딘가에 집중한 상태, 몰입의 상태, 불안정한 집중의 상태로 나뉨니다. '집중의 대상과 방향'은 혼자만의 생각이나 공상에 집중하는 상태와 외부의 자극(책의 내용이나 선생님의 강의소리)에 집중하는 상태로 구분되지요. 때로는 집중하려는 의도가 지나쳐 긴장과 불안이 높아지고 생각이 지나치게 많아지는 경우도 있습니다.

뇌의 관점에서 보자면 이상적인 '공부모드'는 차분하게 깨어 있는 상태이고, 적절한 수준의 긴장과 주의력을 유지하며, 목표를 가지고 외부 대상에 집중하는 상태를 의미합니다. 전기생리학적으로 뇌파가 *SMR* 베타 혹은 미들*Middle* 베타파로 유지되는 상태로, 뇌가 가장 적절하게 활성화된 상태입니다. 마음의 변화는 단순히 생각이나 느낌의 변화만을 의미하는 것이 아닙니다. 세상을 바라보는 시각과 에너지의 변화이며 물리적인 뇌의 변화를 일으키기도 합니다.

Chapter 02

공부는 적이 아니라 친구다

공부와 절친 맺기

공부는 무엇일까요? 과연 우리가 매일같이 상대하는 공부에 대해 얼마나 알고 있을까요? '지피지기 백전불태(知彼知己 百戰不殆)'라는 말이 있지요. 적을 알고 나를 알면 백 번 싸워도 위태로워지지 않는다는 말입니다. 상대를 알고 나를 알아야 승리할 수 있다는 것은 고금의 진리입니다. 하지만 공부는 결코 싸워서 이겨야 할 적이 아닙니다. 공부가 적이라고 생각한다면 두렵고 긴장될 테니까요. 그럼 싸워서 이겨야 하는 적이 아니라면 과연 무엇일까요? 바로 '친구'입니다.

지식이라는 친구를 마음의 집에 초대하는 것이 공부입니다. 친구가 찾아와서 초인종을 누를 때 기쁜 마음으로 문을 열고 들어오게 해야 친구가 돌아가지 않습니다. 그래야 뇌에 저장되는 것이지요. 만약 마음의 문 밖에 서 있는 사람이 친구가 아닌, 낯선 사람이나 위험한 사람이라고 생각한다면 출입문을 열어주지 않고 내쫓게 될 것입니다. 뇌의 생각회로가 닫히는 것이지요. 반가운 친구일수록, 내가 잘 알고 있는 친구일수록 빨리 문을 열어주고 집에 들어오게 합니다. 공부의 성패는 공부를 얼마나 반가운 친구로 느낄 수 있는가에 달려 있습니다.

아마 공부가 친구라는 말에 동의하지 못하는 학생들도 있을 겁니다. 재미없고 지긋지긋한 공부가 어떻게 친구가 될 수 있느냐고 말이지요. 어떤 학생은 '공부가 친구라면 자신은 공부를 왕따시키겠다' 라고 말하더군요. 그런데 사실 여러분이 공부를 싫어하는 이유는 어떤 친구를 따돌리는 것과 비슷합니다. 그 친구의 외모만 보고 판단하거나 '다른 친구들이 싫어하니까 나도 싫다' 라는 식으로 반응하는 것이지요. 이것은 그 친구에 대해 잘 모르거나 잘못된 선입견을 가지고 있기 때문에 나타나는 현상입니다. 일단 그 친구에 대해 싫다는 생각을 갖게 되면 그 친구가 하는 말이나 행동이 이유 없이 싫은 것과 비슷합니다.

공부도 마찬가지입니다. 성적이 좋지 못한 학생들은 공부에 대한 개념이 없거나 잘못된 개념을 가지고 있는 경우가 많습니다. 어떤 것에 대한 느낌을 인식(cognition)이라고 하는데, 공부에 대해 기본적으로 부정적 인식(negative cognition), 즉 부정적 개념을 가지고 있는 것입니다. 사실 부정적 인식은 자기도 모르는 사이에 생겨 스스로 그것을 잘 알지 못하는 경우가 대부분입니다. 부정적 인식은 부정적인 감정과 태도를 갖게 만들고 결국 어떤 대상에 대한 객관적 접근조차 방해하지요.

문제는 어떤 대상에 대해 가지고 있는 부정적 인식이 왜 생겼는지도 잘 모른다는 것입니다. 정확하지 않은 정보는 잘못된 선입관을 만들고 한번 왜곡된 느낌은 쉽사리 변하지 않습니다. 공부는 어렸을 때부터 여러분과 함께 해오고 있지만 잘 몰라서 따돌리고 있는 친구라고 할 수 있습니다. 따라서 우선 공부에 대해 자신이 어떻게 느끼고 있는지 알아보는 시간이 필요합니다. 여러분은 공부에 대해서 어떻게 느끼고 있나요? 혹시 따돌리고 있나요?

공부에 대한 느낌은 무언가를 배우기 시작하면서 생기고 여러 경험

나는 공부를 어떻게 느끼는가?	그렇다	아니다
1. 공부는 재미없는 것이다.	☐	☐
2. 공부는 인생을 살아가는 데 크게 도움이 되지 않는다.	☐	☐
3. 나는 어릴 때부터 공부를 좋아하지 않았다.	☐	☐
4. 공부만 잘하는 모범생은 답답해서 싫다.	☐	☐
5. 내 꿈을 이루는 데 공부는 별로 도움이 되지 않는다.	☐	☐
6. 나는 공부만 생각하면 마음이 우울해진다.	☐	☐
7. 나는 공부를 어쩔 수 없이 한다.	☐	☐
8. 공부를 하는 것은 시간낭비라는 생각이 자주 든다.	☐	☐
9. 공부를 잘하는 사람들은 지루하다.	☐	☐
10. 공부로는 내 개성을 표현할 수 없다.	☐	☐
11. 공부와 관련된 좋은 기억을 금방 떠올릴 수 없다.	☐	☐

※ '그렇다'가 6개 이상이면 공부에 대한 부정적 인식이 높은 편이다.

을 통해 점점 강화됩니다. 처음 접했던 책의 느낌이나 읽을 때의 분위기, 부모나 선생님과의 관계, 유치원이나 초등학교에서의 경험 등이 알게 모르게 어떤 느낌을 만들어내고 그것은 시간이 흐르면서 쌓이게 되지요. 비록 지금은 공부를 떠올리면 머리부터 아파오지만 진정으로 변화를 원한다면 부정적 기억과 경험을 극복하고 공부를 최대한 객관적으로 이해해야 합니다. 따돌리던 친구도 알고 보면 괜찮은 면이 많은 친구일지도 모르니까요.

무엇이 공부를 적으로 만들었는가?

　도대체 공부가 우리에게 어떤 짓을 했기에 우리는 공부를 적으로 생각하게 되었을까요? 아마 여러분들도 공부가 싫은 이유를 적어도 한 가지쯤은 가지고 있을 것입니다. 시험 성적이 생각보다 낮게 나왔을 때의 좌절감, 성적표를 부모님께 보여드려야 한다는 두려움, 공부 잘하는 친구에 대한 선생님의 편애, 나보다 공부 잘하는 친구들에 대한 질투 등. 이러한 경험들이 쌓여 공부에 대한 부정적 인식이 단단해진 것이지요. 그렇다면 공부에 대한 부정적인 인식을 깨고 긍정적인 인식을 가지려면 어떻게 해야 할까요? 이를 위해 《동상기찬》이라는 옛 책에 실린 이야기를 하나 살펴보겠습니다.

대대손손 정승과 판서를 배출한 명문가가 있었다. 이 명문가의 김 정승은 자신의 대를 이어 똑똑한 아들이 태어나길 바랐지만 뜻대로 되지 않았다. 준수한 인물에 눈에 총기가 넘치는 아들이 있었지만 나이가 차도록 천자문 한 줄 외우지 못했던 것이다. 김 정승은 이런 아들이 창피해 시골 동생 집에 보냈다. 그리고 서울로 올려 보내지 말라고 신신당부했다.

어느 날 인근의 한 양반이 김 정승의 동생 집에 들렀다가 훤칠한 외모의 청년을 보고 사위삼기로 결심했다. 김 정승의 동생은 그 양반에게 자신의 조카가 사실은 까막눈이라고 털어놓았다. 이 말을 들은 양반은 '글은 못하지만 집안 좋고 인물이 좋으니 손해 볼 것 없다'고 생각했다. 결혼한 김 정승의 아들은 처남들이 공부에 매진하는 모습을 보고 방 문 밖으로 나가질 않았다. 이를 이상히 여긴 신부가 그 이유를 물었다. 그러자 신랑은 버럭 화를 내는 것이 아니겠는가! 신랑은 '자신은 책만 보면 어지럽고 머리가 아프다'고 속마음을 털어놓았다. 신부는 신랑이 마음에 병이 있어 공부를 싫어하게 되었음을 깨달았다.

어느 날 밤 신부는 신랑에게 제안했다. "겨울밤도 깊으니 우리 이야기나 해 볼까요?" 신부는 중국 역사책인 《통감》의 이야기를 들려주었다. 신랑이 듣기에도 흥미롭고 귀에 쏙쏙 들어왔다. 긴 겨울밤이 재미있는 이야기로 빠르게 지나갔다. 하루는 신부가 신랑에게 들었던 이야기를 기억하느냐고 묻자 신랑은 의기양양하게 답했다. "왜 그걸 모른단 말이오?" 그는 그때까지 들었던 이야기를 토씨 하나 빼놓지 않고 되풀이했다. 이번에는 신랑이 물었다. "이런 이야기는 대체 어디에 있는 거요?" 신부는 책을 꺼내어 "제가 한 이야기는 모두 이 책에 있습니다." 하고 대답했다. 신랑은 그날부터 눈빛이 달라졌고 학업에 열중할 수 있었다.

　이 이야기 속의 주인공은 아버지처럼 공부를 잘해야 한다는 강박관념이 스트레스로 작용해 공부를 싫어하게 된 경우입니다. 또 자신이 흥미를 느끼지 못하는 공부를 억지로 하다 보니 공부의 진정한 맛을 모르게 되었지요. 과거시험의 압박감으로 주인공이 공부에 흥미를 잃은 것처럼, 여러분도 공부를 시험성적과 대학입시에 연관시키기 때문에 공부가 고통스럽고 두려운 것입니다. 하지만 이 신부는 신랑에게 공부의 즐거움과 재미를 인식시켜줌으로써 신랑이 자발적으로 공부하도록 만들었습니다. 바로 여기에 공부를 재미있게 만드는 비결이 숨어 있습니다.

　과거의 공부는 밤 10시까지 계속되는 자율학습처럼 고통스러운 것이 아니었습니다. 고대 그리스의 귀족들은 남는 시간을 보내기 위해 공부했지요. 세상 돌아가는 이치를 깨우치고 자신의 생각을 다른 사람에게 전달하는 토론과 논쟁은 시간을 가장 재미있게 보내는 방법중의 하나였습니다. 아마도 현재의 토크쇼와 비슷한 분위기가 아니었을까 합니다.

　라파엘의 명작 〈아테네 학당〉을 한번 보세요. 공부하는 곳의 분위기가 전혀 나지 않죠? 이러한 장소에서 유명한 그리스 신화가 만들어지고 문학과 철학이 발전하게 된 것입니다. 우리는 소크라테스와 아리스토텔레스 역시 철학자라고 알고 있지만 지금의 철학자와는 다릅니다. 당시의 철학자들은 수학과 천문학, 문학할 것 없이 모든 학문을 연구했지요. 배움의 기쁨으로 공부했기 때문에 학문의 영역 따위는 중요하지 않았던 겁니다.

　중세에 접어들면서 신기한 공부에 몰두하는 사람들이 생겼습니다. 바로 납이나 구리 같은 금속으로 금을 만들고자 했던 연금술사들이지요. 지금 생각하면 이들이 허황된 꿈을 좇는 괴짜들처럼 보이지만 이

괴짜들 덕분에 우리가 배우는 화학과 물리의 기초가 세워졌지요. 과거에 사람들이 공부를 한 이유는 확실히 지금과는 달랐습니다. 자연에 대한 호기심, 인간에 대한 성찰, 금에 대한 갈망 등 목적은 모두 다르지만 그 과정에서 재미를 느꼈지요.

동양에서도 서양과 마찬가지로 공부는 재미있는 것이었습니다. 여러분 '쿵푸'를 알고 있지요? 그렇다면 '쿵푸'가 '공부(工夫)'와 같은 한자를 사용하고 있다는 것도 알고 있나요? 몸과 마음을 수련하면서 즐기는 것이 바로 공부이기 때문에 같은 한자를 사용하고 있는 것입니다. 공부에 대해서 알고 나니 공부가 좀 달라 보이지 않나요? 두꺼운 안경을 끼고 다녀서 예전에는 예쁜 줄 몰랐던 친구가 안경을 벗으니 예뻐 보이는 느낌은 아닌가요? 각자에게 공부가 지니는 가치는 모두 다르겠지만 공부는 가치 있고 즐거운 일입니다. 그리고 그 가치를 발견한다면 자연스럽게 공부에 흥미를 느낄 수 있을 것입니다.

공부의 의미를 잃어버린 친구들

나는 이제 여러분에게 쓰디쓴 진실을 하나 얘기해야 할 것 같습니다. 안타깝게도 우리는 과거의 철학자들이나 연금술사들처럼 재미만을 위해 공부하기 힘든 시대에 살고 있습니다. 과거에는 공부 자체가 목적인 경우가 대부분이었지만 지금은 무언가를 성취하기 위해 공부하는 경우가 더 많습니다. 여러분 중에도 학문을 연구하는 학자가 되고 싶다는 꿈을 가진 친구는 그렇게 많지 않을 겁니다. 그렇다면 공부가 더 이상 재미없는 것이 확실하니까 공부를 안 해도 될까요? 공부에 재미 아닌 다른 가치는 없을까요?

우리가 젓가락질을 하고 자전거를 타는 것도 공부입니다. 100점을 받고 좋은 대학에 입학하는 것만이 공부라고 생각한다면 그것은 공부를 너무 좁게 바라보는 것입니다. 여러분이 수학 문제를 한 개 풀어낼 때 그것은 시험점수를 1점 더 올리는 것 이상의 의미가 있습니다. 문제를 풀어나가면서 자연스럽게 이해력과 창의력을 배우게 되지요. 그리고 이러한 능력은 살아가면서 접하게 되는 수많은 문제들을 해결할 수 있는 힘이 되지요. 이것이 공부하는 진짜 이유입니다.

많은 청소년들이 이러한 공부의 의미를 잃어버리고 있습니다. 물론 여기에는 입시경쟁과 주입식 교육의 문제도 있습니다. 또한 정신적, 신체적으로 많은 변화를 겪고 배워야 할 것도 많다 보니 공부가 벅찰 수밖에 없지요. 항상 좋을 수만은 없는 시험 결과도 좌절을 느끼게 하며 공부와 도전을 힘겹게 만듭니다. 그러나 공부는 피할 수 없는 운명이며 일생동안 지속됩니다.

공부를 포기하는 것은 운명을 포기하는 것이며 삶을 포기하는 것과 같습니다. 어려워서, 귀찮아서, 힘들어서, 재미없어서 공부하지 않으려고 하나요? 그것은 공부에 대해 잘 알지 못하기 때문에 생기는 감정입니다. 공부는 노력을 필요로 하지만 생각만큼 어렵지도 더구나 재미

없지도 않습니다. 문제는 공부를 통해 성취하고자 하는 목적이 확실한 가입니다. 여기서 바로 공부를 잘하는 학생과 그렇지 못한 학생의 근본적인 차이가 나타나는 것이지요.

때로는 공부 자체가 문제가 아니라 감정적으로 공부할 수 없을 정도로 화가 나서 공부를 못하는 경우도 있습니다. 주로 부모나 교사 등 주변 환경과의 관계에서 문제가 생기는 경우이지요. 공부의 진정한 의미를 알려주지 못하고 결과인 성적만 강조하는 부모, 자녀의 단점만을 지적하고 일방적인 잔소리를 하는 부모는 학생들의 마음을 병들게 합니다.

원인이 어디에 있든지 배움이 두려워지고 게으름을 피우고 싶어진다면 마음의 병이 생기는 과정일 수 있으므로 조심해야 합니다. 부정적인 변화는 어느 날 갑자기 생기지 않습니다. 자기도 모르게 조금씩 부정적으로 변해갑니다. 하지만 그 과정에서 마음속에 존재하는 진정한 자기에게 도움을 요청하기도 합니다. 그러므로 자신의 마음속에서 울려오는 도움의 목소리에 귀를 기울이세요. 자신의 마음을 지켜보고 긍정적이든 부정적이든 변화를 느낄 수 있어야 합니다. 자기에 대한 이해, 그에 따른 목표와 의지는 공부를 성공적으로 만드는 중요한 에너지가 될 테니까요. 올바른 이해와 적절한 목표, 강인한 의지는 모두 건강한 마음에서 생긴다는 것을 잊지 말아야 합니다.

무엇을 배워야 하는가?

공부는 인간의 숙명이며 사람을 사람답게 만듭니다. 이것은 여러분이 피하려 해도 피할 수 없는 운명의 화살입니다. 만약 이것을 피하려 한다면 인류는 이 지구상에서 멸종하고 말겠지요. 그렇다면 우리는 무엇을 공부해야 할까요? 공부에는 끝이 없지만 크게 두 가지를 배워야 합니다.

첫 번째는 세상에 대한 공부입니다. 우리는 세상과 더불어 살아가야 합니다. 세상은 끊임없이 변화합니다. 만약 우리가 살아가야 할 세상에 대해 잘 알지 못한다면 우리의 삶은 제한되고 풍요롭지 못할 것입니다. 청소년기에 세상을 알기는 쉽지 않습니다. 살아온 시간이 짧고 경험도 적기 때문이지요. 우리는 저마다의 창을 통해 세상을 바라봅니다. 자기 안에 존재하는 창의 크기나 숫자에 따라 보이는 세상은 달라질 수밖에 없지요. 창의 크기와 숫자를 결정하는 것이 바로 공부입니다. 공부는 기존의 창문을 넓히고 새로운 방향으로 창문을 만드는 작업이라 할 수 있습니다. 흔히 아는 만큼 보인다고 합니다. 히딩크 감독이 보는 축구경기나 서태지가 듣는 음악은 우리가 보고 듣는 것과 많이 다를 것입니다. 많이 그리고 다양한 각도로 세상을 볼수록 세상에 대한 이해가 커지고 깊어질 것이며 자연히 우리의 선택의 폭도 크고 깊어집니다.

두 번째는 자기 자신에 대한 공부입니다. 사춘기가 되면 자연스럽게

‘나는 누구인가, 나의 미래는 어떨까’ 하는 고민이 생깁니다. 자기에 대한 확신이 없는 상태에서 미래에 대해 불안을 느끼는 것은 당연한 일입니다. 친구들과 자신을 비교하면서 쉽게 열등감에 빠지기도 하고 자기와 친구들을 비교하는 부모의 말에 깊은 상처를 받기도 합니다. 성적과 재능 그리고 외모와 친구관계는 자기를 구체적으로 확인하는 가장 중요한 소재들이며 고민의 주제가 되기도 합니다. 그러나 이러한 고민들은 매우 자연스러우며 또한 고마운 것입니다. 비로소 인생에 대한 진정한 도전이 시작되는 계기를 만들어 주기 때문이지요.

청소년기에 자신에 대한 고민을 하면서 간혹 자기만의 생각에 빠져들거나 자기만의 독특한 시각으로 세상을 이해하는 친구들이 있습니다. 나름의 철학을 만드는 것이지요. 고민을 통해 나름의 해결책을 찾는다면 괜찮지만 고민의 방향이 부정적이라면 권하고 싶지 않습니다. 청소년기에는 기성세대나 그들의 가치관에 반항하고 싶은 마음이 쉽게 생길 수 있습니다. 특히 부모와 갈등이 심한 경우 기존의 것을 거부하고 새로운 가치를 추구하는 마음은 공부를 방해하는 또 하나의 유혹이 됩니다. 그 유혹은 장기적으로 볼 때 자기발전을 방해하는 경우가 많습니다. 일반적인 것이 바탕이 되어야 특별한 것이 나오는 법이며, 추상화를 그리기 전에 정물화나 풍경화를 먼저 배워야 하는 것입니다. 공부에 대한 기본이 없는 상태에서 공부의 방향을 잘못 잡으면 자기만의 세계에 빠지게 됩니다. 자기중독이 되는 것이죠. 이것은 공부를 방해합니다.

유학을 준비 중인 중학교 3학년 수지가 클리닉을 찾아왔습니다. 옷차림은 털털하고 수수하여 다소 남성적인 느낌을 주었지만 섬세한 감성과 지성을 가지고 있는 친구였지요. 매우 영리하여 대화에 전혀 거침이 없었으며 미술, 게임, 소설, 음악, 공연 등 다방면에 관심을 가지고 있었습니다. 중학교 3학년답지 않은 매력적인 친구였지요. 지능검사에서도 IQ가 125로 우수한 편이었습니다. 그런데 과목 간 성적 편차가 컸고 성적의 기복도 많았습니다. 무엇보다 유독 공부에 관심이 없었지요.

"공부만 열심히 하는 친구들이 왠지 답답하고 한편으론 한심하게 느껴져요."

수지의 얘기를 들으면서 수지가 공부에 대해 냉소적인 입장을 가지고 있다는 것을 알게 되었는데 그 이유가 궁금했습니다. 몇 차례의 깊은 대화를 통해 마침내 그 이유를 알 수 있었지요. 수지에게는 수지처럼 머리 좋고 공부도 잘하는 오빠가 있었습니다. 그런데 부모의 관심이 오빠에게 기울어져 있어서 상대적으로 수지는 공정하지 못한 대접을 받고 있다고 느꼈지요. 감정적으로 성숙하고 영리한 수지는 뭔가 세련된 방식으로 자신을 증명하고 싶다는 마음이 강해지기 시작했죠. 요즘 말로 하자면 '존재감'입니다. 개성과 독립심이 강한 수지가 선택한 것은 다른 사람과 전혀 다른 캐릭터로 자신을 발전시키는 것이었습니다. 풍부한 독서 경험과 다양한 분야에 대한 강한 호기심은 수지를 '자기만의 세계'로 안내하는 충실한 가이드 역할을 했고, 수지는 별다른 저항 없이 그 선택을 받아들였습니다.

수지는 '똑똑하고 독특한' 캐릭터로 진화하면서 나름의 만족을 얻을 수 있게 되었고 공부를 멀리하게 된 것이 큰 문제라고 생각하지 않았습니다. 수지의 선택은 분명한 발전이었지만 한편으로는 스스로를 위안하며 자신만의 세계에 안주하는 것이기도 했지요. 너무 일찍 자기만의 개성을 선택한 수지는 보편적이고 넓은 배움의 기회를 갖는 데 어려움이 있을 수밖에 없었습니다. 청소년기에 자기만의 세계에 깊이 빠지는 것은 그리 바람직한 것은 아닙니다.

필자는 깊이 있는 대화와 소통으로 수지를 이해할 수 있었으며 수지 또한 필자가 자신을 이해한다는 믿음을 갖게 되어 어느 정도 필자의 생각을 전달할 수 있었습니다. 지금은 수지가 자기만의 세상에서 나와 진정한 세상에서 유학생활을 하고 있다고 믿습니다.

진지한 고민을 통해 비로소 자신에 대한 공부와 배움이 시작되며 이것이 성공적으로 진행되면서 정체성이 만들어집니다. 물론 청소년기는 정체성의 기틀이 마련되는 시기일 뿐 완성되는 시기는 아닙니다. 자신에 대한 공부는 인생을 살아가며 계속되는 배움의 주제니까요.

PART 02

스스로 공부하는 일곱 색깔 정거장

나만의 동기로 공부하면 가슴이 뛴다

무엇을 위해 공부하는가

여러분은 지금 왜 이 책을 읽고 있나요? 공부를 잘하는 방법을 알기 위해서? 아니면 단지 어머니가 책을 읽으라고 사다주셔서? 무엇이든 어떤 일을 하게 된 이유, 그것이 바로 '동기'입니다. 하지만 어떤 동기를 갖고 있느냐에 따라 일의 결과는 달라집니다. 여러분이 공부를 잘하기 위해서 이 책을 읽고 있다면 아마 끝까지 읽게 될 것입니다. 하지만 단지 어머니가 사다주셔서 읽는 것이라면 끝까지 읽지 못할지도 모르겠습니다. 여기 공부를 잘하게 만들어주는 동기가 무엇인지 보여주는 재미있는 이야기가 있습니다.

사회학자인 대럴 시덴탑*Darrel Siedentop*은 작은 놀이터 근처의 아파트에서 살고 있었습니다. 그런데 매일같이 아이들이 놀이터에서 공놀이를 하면서 떠드는 바람에 어떤 일에도 집중할 수 없었지요. 몇 번이나 아이들을 타이르고 혼도 내봤지만 소용이 없었습니다. 결국 그는 한 가지 묘안을 생각했지요. 그는 아이들에게 말했습니다. "매일 놀이터에 와서 공놀이를 하면 10센트씩 주마."

다음날이 되자 아이들은 돈을 받기 위해 시덴탑에게 왔습니다. 시덴탑은 "오늘은 돈이 없어 5센트 밖에 주지 못하겠구나"라고 했지요. 그래도 아이들은 만족스러워했습니다. 그 다음날도 역시 아이들은 놀이터에서 공놀이를 하면서 그를 기다리고 있었습니다. 이번에 그는 "정말 미안하지만, 오늘은 형편이 안 돼 1센트 밖에 줄 수 없겠구나"라고 했습니다. 그러자 아이들은 "우리가 고작 1센트 때문에 여기서 공놀이를 하는 줄 아세요?" 하면서 사라졌습니다. 아이들은 다시는 놀이터에서 공놀이를 하지 않았지요.

아이들이 처음에 놀이터에서 공놀이를 한 이유는 그저 재미있었기 때문이었죠. 공놀이 자체에서 즐거움을 느낀 것입니다. 그런데 시덴탑이 돈을 주기 시작하면서 아이들은 돈을 받기 위해서 놀기 시작하죠. 행위 자체의 즐거움(내적 동기)보다는 돈(외적 동기) 때문에 그 일을 하게 된 것입니다.

물질적 보상과 칭찬, 인정, 격려와 같은 정신적 보상은 대표적인 외적 동기입니다. 재미나 호기심, 성취감은 대표적인 내적 동기이지요. 어린 유치원생이나 초등학교 저학년 어린이들은 작은 칭찬이나 선물에도 크게 반응합니다. 이 시기에는 작은 외적 동기로도 충분히 동기

부여가 되기 때문이지요. 그러나 여러분이 성장할수록 외적 동기만으로 동기부여하는 것은 한계가 있습니다.

여러분도 아마 어렸을 때 "이번 시험에서 5등 안에 들면 게임기를 사줄게."라는 부모님의 말씀에 열심히 공부했던 경험이 있을 것입니다. 하지만 청소년기에 외적 동기만으로는 부족합니다. 여러분의 정신세계가 더 성장하고 복잡해졌기 때문입니다. 자기 자신을 극복할 수 있는 내적 동기, 바로 공부 자체에 대한 재미와 기쁨을 알아야 합니다. '하고 싶다'라는 생각에 어떤 일을 하는 것과 달리 '무언가를 위해, 누군가를 위해' 어떤 일을 하게 되면 이내 흥미가 사라지게 됩니다. 외부에서 주어지는 자극이 없어지면 그 일을 하고 싶은 마음도 동시에 사라지기 때문이지요.

이제 '나는 왜 공부를 하는가'라고 스스로에게 물어보세요. 그리고 자신이 공부하는 이유가 내적 동기에 해당하는지 아니면 외적 동기에 해당하는지 한번 가늠해보세요. 분명하고 확실한 내적 동기는 힘든 공부 앞에서도 자신을 설득할 힘이 있습니다. 공부가 힘들고 그만두고 싶을 때마다 '난 이것을 꼭 해야 돼. 이것은 내가 원하는 일이니까'라고 자신을 설득할 수 있는 것이죠. 이렇게 마음을 움직이는 힘이 바로 동기입니다.

	그렇다	아니다
1. 부모님이 시켜서 공부한다.	☐	☐
2. 공부하지 않으면 잔소리를 듣고 혼나니까 공부한다.	☐	☐
3. 나는 부모님이 실망할까봐 공부한다.	☐	☐
4. 친구들이 하니까 나도 공부한다.	☐	☐
5. 원하는 선물이나 용돈을 받기 위해 공부한다.	☐	☐
6. 공부를 해야 게임을 하거나 놀 수 있으니까 한다.	☐	☐
7. 우월감이나 존재감을 느끼고 싶어서 공부한다.	☐	☐
8. 미래를 준비하기 위해서 공부한다.	☐	☐
9. 호기심을 해결하려고 공부한다.	☐	☐
10. 공부할 가치가 있어서 공부한다.	☐	☐
11. 재미를 느껴서 공부한다.	☐	☐
12. 성취감이나 뿌듯함을 느껴서 공부한다.	☐	☐

※ 1~6번까지 질문은 외적 동기와 관련된 질문이며, 7~12번까지 질문은 내적 동기에 대한 질문이다.
　어떤 동기에 더 많은 '그렇다' 가 나왔는지 살펴보고 자신의 동기를 점검해보기 바란다.

그렇다면 무조건 내적 동기만을 위해 공부해야 할까요? 꼭 그런 것은 아닙니다. 부모님이나 선생님의 칭찬, 계획했던 공부를 모두 마쳤을 때 자기 자신에게 하는 칭찬과 격려는 내적 동기를 더 강화시킬 수 있는 좋은 외적 동기입니다.

재미있거나 혹은 기쁘거나!

그렇다면 과연 내적 동기는 어디에서 올까요? 내적 동기 중에서도 가장 강력한 것은 바로 '재미'와 '기쁨'입니다. 그런데 재미와 기쁨은 우리의 두 다리와 비슷합니다. 한 쪽 다리가 튼튼하다고 그쪽만 사용하다 보면 절음발이처럼 걸음걸이가 나빠지고 잘 걷지도 못하게 됩니다. 재미와 기쁨은 똑같이 강한 내적 동기이지만 한 가지만 사용해서는 안 됩니다. 어떤 때는 재미로 또 어떤 때는 기쁨으로 공부를 한다면 동기로 인한 공부 문제는 생기지 않을 것입니다.

야구나 축구의 역사를 줄줄이 외우는 친구, 좋아하는 연예인의 사돈에 팔촌까지 다 알고 있는 친구 등. 주변을 보면 공부는 잘하지 못하지만 자신의 좋아하는 것에 대해서는 전문가인 친구들이 있습니다. 왜 그럴까요?

간단합니다. 좋아하고 재미가 있으니까 노력하지 않아도 외워지는 것이죠. 기본적으로 뇌는 재미를 추구합니다. 이것을 '쾌락추구의 원칙(Pleasure principle)'이라고 부릅니다. 재미가 있으면 시키지 않아도 열심히 하게 되어 있습니다. 자연스럽게 집중력도 높아지지요. 또한 재미있는 정보를 자주 접하려고 자연스럽게 반복학습이 되어 기억력도 좋아집니다. 재미를 느끼는가, 그렇지 않은가는 학습효과에 엄청난 차이를 낳습니다.

《당신의 새로운 삶을 위하여》라는 책의 저자인 마티 스마이어는 가끔씩 괴팍한 행동을 하는 아버지와 '아이들에게 반드시 피아노를 가르치겠다' 는 신념을 가진 어머니 밑에서 자랐다. 덕분에 마티와 그녀의 오빠는 매일 뒤뜰에 놓인 피아노로 하기 싫은 연습을 해야 했다. 그런데 어느 날 뒤뜰에서 연기가 올라오고 있었다. 가족들은 놀라 뒤뜰로 달려갔다. 그곳에서 가족들은 불타고 있는 피아노와 그 옆에 서있는 아버지를 발견했다. 모두들 어리둥절한 표정으로 바라보자, 아버지가 나지막한 목소리로 말했다.

"나는 '재미없으면 하지 말라' 는 것을 알려주고 싶었단다."

또 다른 강력한 내적 동기는 바로 기쁨입니다. 기쁨은 재미와는 전혀 다른 방식으로 동기를 일깨워주지요. 재미는 강력하지만 꾸준하지 않은 반면 기쁨은 지속적으로 동기를 부여해줍니다. 재미는 쾌감과 즐거움을 통해서 동기를 자극하지만 기쁨은 성취감과 보람을 통해서 동기를 자극합니다. 성취감은 동기를 부여하는 강력한 감정입니다. 그러므로 기쁨은 재미 못지않게 오히려 재미보다 더 강한 동기의 원동력이 될 수 있습니다. 여러분에게 성취감에 관한 재미있는 일화를 하나 소개해드리지요.

르네상스 시대의 천재 화가 미켈란젤로가 시스틴 성탕에 〈천지창조〉를 그리고 있을 때의 일입니다. 미켈란젤로가 성당 천장에 힘들게 매달려 그림을 그리고 있는데 한 친구가 와서 말을 건넸습니다.

"이보게 친구, 잘 보이지도 않는 구석까지 그렇게 정성들여 그릴 필요가 있나? 그렇게 완벽하게 그려봤자 누가 알겠어?”

그러자 미켈란젤로가 친구에게 무심하게 한 마디 던졌지요.

“내가 안다네.”

미켈란젤로는 시스틴 성당 천장화 작업으로 건강이 매우 안 좋아졌다고 합니다. 하루 종일 천장에 매달려 그림을 그려야 했으니 그럴 만도 하지요. 아무도 알아주지 않아도 자신이 만족할 때까지 일을 해내는 것이 바로 성취감입니다. 아마 미켈란젤로가 천재 화가라고 불리는 데는 그림에 대한 그의 강한 내적 동기가 가장 큰 역할을 했을 것입니다.

그럼 우리가 어떻게 공부에서 재미와 기쁨을 느낄 수 있을까요?

공부에 재미를 붙이는 비밀

첫 번째는 재미를 방해하는 생각이나 느낌을 없애는 것입니다. 잡초가 많으면 좋은 풀이 자라기 어렵습니다. 공부에 대한 부정적인 느낌이나 어두운 기억은 마음속의 잡초와 같습니다. 억지로 시켜서 공부했던 기억, 너무 많은 숙제로 부담스러웠던 기억, 자신의 수준보다 어려운 공부를 강요받았던 기억, 열심히 공부했는데도 기대했던 성적이나 칭찬을 받지 못한 기억들이 마구 떠오릅니다. 이러한 기억들이 쌓여 부정적인 생각과 감정을 만들고 그것이 공부에 대한 고정관념이 되어 버립니다. 시간이 지나면서 이 고정관념이 자신을 지배하게 되지요. 여러분이 공부에 대해 갖고 있는 부정적인 생각을 떠올려보세요. 그리고 종이에 적어 리스트를 만들어보세요. 이제 하루에 한 가지씩 부정

적인 생각을 긍정적인 생각으로 바꾸어 적어보세요. 긍정적인 생각은
마음속의 잡초를 뽑아주는 제초제와 같은 역할을 할 것입니다.

- **나는 공부를 못해!**

  나는 공부에 많은 시간을 투자하지 않았을 뿐이야.

- **열심히 해도 잘되지 않을 거야!**

  잘되고 안되고는 미리 알 수 없어

- **공부했는데도 성적이 나쁘게 나왔어!**

  성적이 좋지 않은 이유를 정확히 안다면 달라질 수 있어.

- **공부는 재미없어!**

  재미있고 없고는 내가 선택하는 거야, 나는 재미를 선택할거야!

- **공부 때문에 게임을 못해!**

  게임을 하지 못하는 이유는 내가 시간을 잘 사용하지 못해서 그래.

- **숙제가 너무 많아서 지겨워!**

  숙제가 많은 만큼 내가 발전할거야!

- **공부가 너무 어려워!**

  공부하는 방법이나 순서를 바꾸면 해결할 수 있을 거야!

두 번째는 스스로 재미를 느끼려고 하는 것입니다. 한 코미디언이
이런 말을 했습니다. "미국에서는 코미디를 하는 것이 쉬운데 한국은
어렵다. 왜냐하면 미국 사람들은 조금만 재미있어도 웃으려고 하는데,

한국 사람들은 '어디 한번 웃겨보시지'라는 태도로 코미디언을 대하기 때문이다." 재미도 그런 것입니다. 아무 노력도 없이 재미있어지기를 바란다면 재미는 찾아오지 않습니다. '공부가 재미있을 거야'라는 생각으로 받아들이려 노력할 때 재미가 찾아옵니다. 재미를 느낄 줄 아는 것은 그 자체로 커다란 능력입니다.

세 번째는 공부의 주인이 되는 것입니다. 학생들이 학교나 학원에서 내주는 숙제만 하다 보면 시키는 공부만 하는 것에 익숙해집니다. 문제는 자유가 없는 노예처럼 질질 끌려 다니면서 억지로 공부하면 재미를 잃게 된다는 것이지요. 배움이라는 드라마의 주인공은 나 자신이 되어야 하고 부모님과 선생님은 조연일 뿐입니다. 내가 나의 시간과 공부의 주인이 되어야 재미를 느낄 수 있습니다.

네 번째는 재미있게 공부하는 방법을 연구하는 것입니다. 책을 그냥 읽기보다 책에 나오는 상황이나 장면을 상상하고 자신이 책의 주인공이라고 생각하면 책의 내용이 보다 재미있게 다가옵니다. 공부한 내용을 가지고 마음이 맞는 친구들과 토론을 해보는 것도 좋습니다. 내가 강사가 되어 공부한 내용을 친구나 가족들에게 설명하고 강의해보는 것도 재미있는 경험입니다. 암기과목 같은 경우에는 친구들과 함께 퀴즈를 내거나 영어로 된 낱말 퍼즐을 풀면서 외운다면 그냥 외울 때보다 재미를 느낄 수 있습니다. 경쟁이나 내기를 좋아하는 사람들은 가족이나 친구들과 선의의 경쟁을 하며 내기를 하는 것도 좋은 방법입니다.

공부에 기쁨을 느끼는 비밀

여러분이 성취를 통해 기쁨을 느끼기 위해서는 우선 자기(自己)에 대한 분명한 인식이 있어야 합니다. 쉽게 말해 '나는 나이고, 너는 너이다'라는 것을 구분할 줄 알아야 한다는 것입니다. 자신과 타인의 구분이 없는 상태에서는 어떤 일을 이루어낸다고 해도 '내가 이루었다'는 인식이 없기 때문에 기쁨을 느낄 수 없습니다. '갓난아이는 즐거움만 느끼지 기쁨을 느끼지 못한다'라고 말하는 것도 같은 맥락입니다. 갓난아이는 자신과 어머니를 구분하지 못하고 자신의 일부로 여깁니다. 상대와 분리되지 않았으므로 기쁨을 느낄 수가 없는 것이지요.

여러분 모두 한 번쯤은 길을 물어오는 사람에게 길을 알려주거나 버스에서 노인들에게 자리를 양보한 경험이 있을 것입니다. 그때 어떤 기분이 들던가요? 바쁜데 길을 물어서 귀찮기만 하던가요? 아니면 나도 다리 아픈데 자리를 양보해야 해서 속상하던가요? 아마 오히려 기분이 좋았을 것입니다. 내가 다른 사람에게 도움이 되었다는 사실 때문에 뿌듯함을 느꼈을 것입니다.

이것이 성취감이고 기쁨입니다. 이를 통해 자신이 성장해감을 느끼는 것이지요. 심리학에서는 이것을 자기의 확장이라고 부릅니다. 공부를 하면서도 왜 내가 공부하는지에 대해 생각을 하고 공부를 통해서 무엇을 얻고 어떤 성장을 하는가에 대한 생각을 가지면 성취감을 느끼고 기쁨을 얻을 수 있습니다.

일단 기쁨과 성취감을 경험하면 그것은 어떤 경험으로도 대신할 수 없는 소중하고 감동적인 경험이라는 것을 알게 됩니다. 한 번의 경험이 중요합니다. 목표를 세우고 성취감과 기쁨을 느끼면서 스스로가 성장해나가는 것을 반드시 경험해보기 바랍니다. 기쁨을 느꼈음에도 불구하고 공부하기가 싫다면 그때는 공부를 안 해도 할 말이 없습니다.

공부하기 싫어하는 아이들은 이렇게 말한다

청소년들은 공부에 대한 동기가 부족하고 공부할 마음의 준비가 되어 있지 않다는 것을 다양한 방식으로 나타냅니다. 행동이 느리고 소극적인 모습을 보이는 경우, 완전히 딴 짓을 하거나 비행을 일삼는 경우, 공부하기 싫다고 공언하는 경우, 하겠다고 하면서 열심히 하지 않는 경우, 나름 하는 것 같은데 최선을 다하지 않는 경우, 짧은 시간동안 열심히 하지만 지속되지 않는 경우. 여러분도 혹시 이런 학생이 아닌가요?

동기가 없을 때 다음과 같은 말을 하게 됩니다. '공부가 싫고 노는 것이 좋다, 공부가 재미없다, 왜 어려운 공부를 해야 하는지 모르겠다, 지금 공부하는 것이 나중에 어떤 쓸모가 있을까, 나는 영어와 상관없이 살 텐데 왜 영어단어를 외워야 할까, 나는 문과 대학에 갈 텐데 복잡한 수학공부는 할 필요가 없지 않을까' 끝도 없지요.

동기가 없을 때 나타나는 대표적인 현상이 수동성(passivity)입니다. 수동성은 여러 가지 얼굴을 가지고 있습니다. 우선 매사에 소극적이며 문제를 피하려고 하지요. 때론 공부에 대한 자신의 생각조차 표현하지 않을 정도로 매우 위축된 모습을 보입니다. 공부 이외의 것에 몰두하면서 문제를 회피하기도 합니다. 이럴 때 가장 쉬운 것은 게임이나 인터넷에 빠져 현실을 도피하는 모습을 보이는 것이지요. 그러나 마음을 터놓고 얘기해보면 그것을 즐기는 것이 아님을 알 수 있습니다. 오히려 마음속으로는 불안과 우울함을 느낍니다. 때론 사소한 일에도 지나친 짜증과 화를 내며 분노를 표출하는 방식으로 수동성을 나타낼 수도 있습니다.

유치원이나 초등학교 때는 시키는 공부만 해도 큰 상관이 없습니다. 그러나 청소년기에는 수동적인 공부에서 벗어나 적극적인 공부를 해야 합니다. 누가 시켜서 하는 공부에서 자신이 주도하는 공부로 진화해야 합니다. 공부에 수동적인 학생은 부모님에게 잔소리를 듣고 선생님으로부터 지적을 받을 가능성이 큽니다. 이렇게 주변사람들로부터 부정적인 평가를 받게 되면 자존감과 자신감은 떨어져 마음은 더욱 위축되고 맙니다. 또한 마찰과 스트레스가 심해지면 수동성이 더욱 심해지는 악순환에 빠지게 되지요.

사실 수동성은 어느 정도 타고난 것이고 운명적인 것도 있습니다. 자신이 원해서 이 세상에 태어난 사람은 없으며 태어난 시간과 장소 그리고 부모 역시 스스로 선택한 것이 아니니까요. 어린 시절 우리는 어머니가 주는 젖을 먹고 입혀주는 옷을 입으며 전반적으로 수동적인 생활을 합니다. 또 부모가 선택해서 보여주는 책을 보고 들려주는 이야기를 들으며 세상에 대해 조금씩 수동적으로 배우게 됩니다.

1. 수업시간에 배운 내용을 정확하게 알지 못하면 불만이다.

2. 잘 모르는 것이 있다면 선생님께 다시 설명해달라고 한다.

3. 등수가 오르는 것보다 스스로 세운 목표를 이루는 것이 좋다.

4. 공부할 때 어려운 과제를 해결하는 것을 좋아한다.

5. 공부계획을 세울 때 구체적인 목표를 세우는 편이다.

6. 만약 선택할 수 있다면 성적표를 받는 과목을 선택한다.

7. 내가 받을 수 있는 최고의 성적을 얻기 위해 최선을 다한다.

8. 게임이 시간낭비라는 것을 안다면 게임을 그만 둘 것이다.

9. 노력만 하면 학교 성적은 틀림없이 잘 나올 거라고 생각한다.

10. 공부법을 개선하려고 노력하는 편이다.

11. 숙제를 열심히 했다고 공부를 끝낸 것은 아니다.

12. 항상 주어진 시간에 과제를 끝내려고 노력한다.

13. 성적이 오르고 있다는 사실이 만족감을 준다.

14. 시험에서 실수한 것을 다시 찾아보면서 배우려고 노력한다.

15. 만족감을 위해서는 좋은 성적을 받아야 한다고 생각한다.

16. 교실에서는 가능하면 앞줄에 앉는 것을 더 좋아한다.

※ '아니다' 가 5~9개이면 공부에 대해 어느 정도 수동성이 있는 상태이므로 스스로 변화하려고 노력할 필요가 있다. 10개 이상이면 공부에 대한 수동성이 높은 상태이므로 도움을 받아서라도 고치려고 노력해야 한다.

때론 자신의 의사를 강하게 표현하고 고집을 피우기도 하지만 타협하는 것을 배우지요. 그러다가 언제부턴가 '나는 누구이며 어떻게 살아야 하는가' 라는 생각이 찾아옵니다. 비로소 변화가 필요한 시기가 온 것입니다. 어쩌면 우리의 삶은 수동적인 것에서 출발해서 능동적인 선택을 배워가는 과정이라고 할 수 있습니다. 타고난 성격이나 기질에 따라 수동성의 정도와 그것을 극복하는 과정에 차이가 있는데, 수동성이 오래 지속되는 데는 다음과 같은 원인들이 있습니다.

첫 번째는 어린 시절의 심리적 상태에서 벗어나지 못하는 경우입니다. 우리 모두의 마음속에는 책임은 지지 않고 즐기고만 싶어하는 유아적 욕구가 있습니다. 유아적 상태에 고착되어 나타나는 수동성을 보이는 친구들은 대부분 순한 성격을 가지고 있으며 착한 아이라는 칭찬을 들으며 자라지요. 이런 친구들은 마음속에 가만히 있고 싶은 욕구가 굉장히 크기 때문에 변화하기 쉽지 않습니다. 또한 어린 시절 글을 배우거나 유치원에 다닐 때부터 너무 조용하고 수동적이어서 능동적 배움에 어려움을 겪게 되지요.

두 번째는 성장했다가 심한 스트레스를 받아 어린 시절로 되돌아가는 경우로, 유아적 퇴행(infantile regression)이라고 합니다. 청소년기의 심한 스트레스는 아무것도 하지 않았던 어린 시절로 되돌아가고 싶은 마음을 만들어냅니다. 시험에 대한 불안이나 친구관계에서의 소외감 등은 청소년들을 수동적으로 만드는 대표적인 스트레스입니다. 시험에 대한 자신감이 떨어지고 노력을 해도 안 될 것 같은 불안감이 강해집니다. 그러면 실패해서 마음을 다치는 것보다 아예 공부를 하지 않으면 실패할 일도 없는 것이 마음 편하다는 생각이 드는 것이지요. 여러분이 공부를 열심히 하다가 어느 때부터인가 소극적이고 수동적인 상태가 되었다면 스트레스를 받고 있는 것은 아닌지를 잘 살펴보아야 합니다.

세 번째 이유는 적절한 자극을 받지 못한 것입니다. 사용하지 않는 근육이 약해지듯이 마음도 자극을 받지 않으면 기능이 약해집니다. 부모가 사랑으로 표현하는 칭찬이나 인정은 아이에게 가장 강력한 자극이며, 아이들은 칭찬과 인정에 반응하기 위해 무엇인가를 하면서 능동적이 되어갑니다. 그런데 부모와 보내는 시간이 너무 적었거나 부모의 양육태도가 지나치게 방임적이어서 소통이 충분하지 않다면 아이는 능동적으로 행동할 이유가 없습니다. 따라서 매사에 수동적인 태도가 생길 수 있습니다. 스스로 결정하고 판단한 경험이 없는 친구들의 경우, 가만히 있으면 문제가 생기지 않는다는 것을 배우기도 합니다. 공부에 대해서도 소극적이고 수동적인 태도로 일관하며 주위에서 자극을 주어도 별 반응을 보이지 않고 스스로도 크게 불편해하지 않는 것이 특징입니다. 해결하는 방법은 본인에게 수동성이 있음을 깨닫고 자극이 되는 좋은 사람을 만나려고 노력하는 것입니다.

네 번째는 원인은 마음속에 있는 분노입니다. 어떤 이유로 화가 많이 나지만 쉽게 화를 낼 수 없는 상황이라면 마음속에 분노가 쌓여 수동성으로 나타날 수 있습니다. 마음속에 분노가 있는 경우 할 일을 미루고 소극적인 태도를 보이지만 표정은 심각하고 짜증이나 신경질적인 반응을 자주 보이는 것이 특징입니다. 분노로 인한 수동성은 부모와의 관계가 원인인 경우가 대부분입니다. 부모와의 관계는 모든 인간관계의 기초가 되기 때문이지요. 괜히 짜증을 내면서 공부를 대할 때 소극적이고 수동적이라면 마음속에 자기도 모르게 분노가 쌓여 있는 것은 아닌지 스스로 돌아봐야 합니다.

중학교 2학년 재헌이는 마지못한 표정으로 클리닉을 찾아왔습니다. 재헌이는 부리부리한 눈으로 멀뚱멀뚱 쳐다보기만 할 뿐 자발적으로 말을 꺼내지 않았습니다. 묻는 말에도 거의 대답을 하지 않아 면담이 무척 어려운 친구였지요. 어머니에 따르면 원래 순한 성격이었는데 초등학교 6학년부터 게임에 몰두하기 시작하면서 전혀 공부를 하지 않고 대화도 하지 않으려고 한다는 것이었습니다. 중학교 들어서는 매일 5~6시간 게임을 하고 게임을 하지 않을 때는 무기력하고 멍한 모습이라고 했습니다.

재헌이는 게임중독 상태였으며 어려서 적절한 자극을 받지 못한데다 스트레스를 받아 수동성이 생긴 경우였습니다. 재헌이는 직장에 다니는 어머니 때문에 3살 때부터 놀이방에 가야 했지요. 조용하고 순하기만 했던 재헌이는 감정을 잘 표현하지 않았으며 일이 중요했던 어머니도 재헌이를 조용한 아이로만 생각했습니다. 재헌이가 초등학교 2학년 때 어머니는 일을 그만두었지만 이듬해에 남동생이 태어났습니다.

그런데 남동생이 태어난 후 가뜩이나 부족했던 어머니의 관심이 동생에게 집중되었습니다. 그때부터 관심을 요구하던 재헌이는 어머니에게 자주 혼나야 했습니다. 그런 상황은 초등학교 5학년까지 계속되었지요. 사춘기가 찾아오면서 재헌이는 마음이 불편해지고 우울해지는 것을 느꼈습니다. 하지만 조용하고 내성적인 성격에다 어머니와의 관계가 원만하지 못했던 탓에 선택할 수 있는 것은 게임을 하면서 수동적인 상태에 머무르는 것뿐이었습니다.

마음이 닫히는 원인, 분노

클리닉을 찾아오는 친구들을 보면 분노가 원인이 되어 수동성을 갖게 된 경우가 많습니다. 분노가 생기면 반항적이 되고 주변 사람들과 눈에 보이는 갈등을 겪기도 합니다. 따라서 문제가 심각해 보이지만 오히려 해결은 빠를 수 있습니다. 분노라는 감정은 그 자체로 큰 에너지를 갖고 있어 스스로도 불편하게 느끼기 때문입니다. 문제는 본인 스스로 화가 나 있다는 사실을 모르는 경우가 많고 화를 자각하더라도 도움을 받으려고 하는 경우가 적다는 것입니다.

화가 나는 상황은 개인마다 다르지만 좌절과 공격받는다는 느낌은 공통적인 감정입니다. 그럼 화가 날 때 어떻게 해야 할까요? 화를 표현하기 바랍니다. "나는 화가 난다."고 입 밖으로 소리 내어 말하세요. 화를 표현하지 않고 담아 둔다면 자기 자신만 공격하는 셈이 됩니다. 분노로 인해 클리닉을 찾아온 친구들은 놀랍게도 모두 마음이 여리고 착한 학생들이었습니다. 그 중에는 영재 수준의 영특한 친구들도 있었고 특별한 재능을 가지고 있는 친구들도 있었습니다. 하지만 대부분 자신의 마음속에 분노가 있다는 사실을 알지 못했고, 자신의 감정을 나타내거나 표현하는 것을 어려워했습니다. 마음속에 분노가 있다는 사실을 알기까지도 많은 시간이 걸렸지요.

무작정 공부를 하지 않으려하는 S, 공부만 하려고 하면 졸음이 쏟아지고 집중이 안 되는 Y, 만화책과 판타지 소설만 보려고 했던 J. 이 학생들 모두 IQ 130 전후의 뛰어난 지능을 가지고 있었고 초등학교 때까지는 성적이 매우 우수했지요. 그러나 잠재된 분노가 수동성으로 나타나기 시작하면서 모두 공부를 하지 않았습니다. 아니, 할 수 없었습니다. 분노가 해결되지 않았기 때문이지요. 분명한 것은 이들 모두 감정을 표현하기 시작하면서 수동성이 줄어들었으며 공부의 동기를 회복했다는 사실입니다.

위에서 분노는 대부분 부모님과의 관계에서 나온다고 말했습니다. 그것이 부정적이든 긍정적이든 주변 사람들과의 관계는 여러분의 마음에 큰 영향력을 갖습니다. 만약 여러분이 주변 사람들과 좋은 관계를 갖고 있다면 항상 무엇인가를 하려는 의지를 갖게 됩니다. 좋은 관계는 재미와 기쁨을 선물하며 우리는 재미와 기쁨을 통해서 해야 할 일에 대한 동기를 얻게 됩니다. 하지만 만약 수동성이 있다면 좋은 관계를 갖지 못하고 있다는 뜻입니다. 자신과 주변 사람들과의 관계를 돌아보세요. 부모와의 관계, 친구와의 관계 그리고 선생님과의 관계에서 나는 어떤 역할을 하고 있나요? 시키는 것을 그냥 따르기만 하나요? 관계가 나빠질까봐 눈치를 보고 있지는 않은가요?

사람들 간의 관계는 상대적입니다. 한쪽이 강하면 다른 쪽은 약해집니다. 개그맨들도 한 사람이 너무 웃기면 다른 사람은 웃길 수 있음에도 위축되고 긴장되어 자기 능력을 발휘하지 못합니다. 자신이 다른 사람과의 관계에서 위축되어 있지는 않은지 생각해보세요. 매사에 지나치게 지배적이고 권위적인 부모나 선생님을 만나면 아이들은 수동적으로 변할 가능성이 많아집니다. 이럴수록 자신의 의사를 확실히 표현해야 합니다. 이 때문에 주변 사람들이 화를 낼 거라고 지레 겁먹을 필요는 없습니다. 오히려 표현하지 않으면 불필요한 오해만 생길 뿐입니다. 솔직하게 표현하세요.

중학교 때 최상의 성적을 유지하던 고등학교 1학년 수빈이는 전혀 공부를 하지 않고 짜증이 심해졌다는 이유로 클리닉을 찾아왔습니다. 첫 눈에도 우울해 보이는 수빈이는 작은 목소리로 말했습니다.
"왜 공부를 해야 하는지 모르겠어요."
늘 전교 10등 안에 들던 친구가 공부에 회의를 느끼는 이유가 궁금했지만 더 이상의 얘기를 들을 수 없었습니다. 상담하러 오는 것을 거부했기 때문이지요. 3개월이 지나고 나서야 다시 수빈이를 만날 수 있었는데 전과는 달리 자신의 얘기를 들려주었습니다.

　수빈이는 중학교 때 성적이 전교 최상위권이었는데 중학교 2학년 때 1년간 어학연수를 다녀오면서 공부에 부담을 느끼기 시작했습니다. 연수를 갔다 오자 수학과 국어에서 다른 친구들보다 뒤쳐진다고 느꼈기 때문이지요. 자존심이 강한 수빈이는 겉으로는 전혀 내색을 하지 않았지만 공부에 대한 자신감이 떨어지기 시작했습니다. 때마침 수빈이는 취미로 클라리넷을 배우고 있었는데 클라리넷 선생님은 수빈이에게 재능이 있다며 음악을 전공해보라고 권했지요. 수빈이는 선생님의 얘기에 솔깃했지요. 음악으로 진로를 바꿔 볼까 하는 생각이 들었지만 당연히 부모님과의 마찰이 있었습니다. 마음속으로 '내가 공부를 못했다면 음악을 할 수 있었을 텐데'라는 생각이 들었고 자신을 이해해주지 않는 부모에 대한 원망이 생기기 시작했습니다.

　마음이 불편해지자 공부에 집중하기 어려워졌고 성적은 조금씩 떨어졌습니다. 성적이 떨어지자 부모님은 수빈이 옆에서 한숨을 쉬거나 걱정하는 모습을 보이며 속상해했지요. 성적도 떨어지고 자신을 이해해주지 못하는 부모님으로 인해 화가 났지만, 지나치게 힘들어하는 부모님의 모습은 수빈이가 미안하고 죄스러운 느낌을 갖도록 했지요. 분노와 미안함을 동시에 느꼈기 때문에 수빈이는 마음이 복잡하고 답답했습니다. 하지만 겉으로 자신의 감정을 내색할 수 없었지요. 수빈은 점점 모든 일에 의욕을 잃기 시작했고 공부할 이유를 잃어버린 상태가 되었습니다. 성적이 떨어지면서 자기 자신과 부모에 대한 분노가 쌓여갔지만 수빈이가 분노를 표현할 수 있는 방법은 수동성밖에 없었던 것입니다.

수빈이는 필자와 상담을 하면서 마음속에 숨겨 놓았던 분노가 생각보다 크다는 것을 알게 되었습니다. 하지만 상담을 통해 분노를 표현하면서 분노가 조금씩 줄어들게 되었지요. 분노가 줄어들면서 수동성도 함께 줄어들었고 수빈은 다시 공부할 동기를 가질 수 있었습니다. 기말고사에서 수빈이는 전교 5등을 하면서 자신을 다시 증명할 수 있었습니다.

수동적인 공부에서 벗어나려면?

어떤 문제이든 해결을 위한 출발점은 같습니다. 문제를 인정하는 것이지요. 시작이 반이라는 말이 있지요? 문제를 인정하면 반은 성공한 것이나 다름없습니다. 그만큼 문제를 인정하기가 쉽지 않다는 말이기도 하지요. 자신의 문제를 인정하기 어려운 이유는 수동성 때문이기도 하지만 자신을 방어하기 위한 수단이기도 합니다. 문제를 인정하지 않으면 자신에게 아무 문제가 없는 것이 되기 때문이지요. 하지만 한번 곰곰이 생각해보세요. 마음속에 분노를 품고 살아가는 것과 문제를 인정하는 것 중에서 어떤 것이 더 불편한지. 물론 용기가 필요하고 아픔이 있을 수도 있습니다. 발전에는 항상 진통이 따르기 마련입니다. 마음을 열고 용기를 내보세요. 주위를 돌아보고 자신을 도와줄 사람이 있는지 찾아보세요. 도움을 줄 누군가가 반드시 있을 것입니다.

자신의 수동성을 인정했다면 이제 그 원인을 이해하는 것이 필요합니다. 많은 사람들이 마음이란 예측할 수 없는 것이라고 생각하지만 그렇지 않습니다. 단지 우리가 원인을 모를 뿐이지요. 앞서 설명했던 수동성의 원인에 대한 설명을 천천히 읽어보고 나는 어디에 해당하는지 생각해보기 바랍니다. 때로는 우울증이나 강박증과 같은 정신적인 문제가 수동성의 원인일 수도 있고, 마음속에 숨어 있는 분노와 화가 원인일 수도 있습니다. 성장과정에서 적극성이나 책임에 대한 개념을 배우지 못했거나 혹은 가만히 있을 때 칭찬받았기 때문에 그 상태로 남아 있으려고 할 수도 있습니다. 이번 기회에 자신을 한번 잘 들여다보기 바랍니다. 정신과의사나 심리상담사와 상담을 해보는 것도 좋은 방법입니다.

수동성의 원인을 이해했다면 이제 부정적인 감정을 정리하는 것이 필요합니다. 마음속에 존재하는 원망과 불안, 분노, 냉소와 같은 부정적인 감정은 무엇인가를 하고자 하는 동기를 죽입니다. 부정적인 마음이 강하면 상황이 나빠져야 그런 부정적인 감정을 만족시킬 수 있습니다. 따라서 일이 잘 풀리거나 열심히 하는 것을 받아들일 수 없습니다. 마음이라는 밭에 부정적인 감정이라는 자갈이나 가시덤불이 있으면 절대로 동기라는 발전적인 씨앗이 자라지 못합니다. 원인을 이해할 수 있게 되었다면 고통스럽더라도 마음속에 남아 있는 부정적인 감정을 정리해야 합니다. 만약 혼자 힘으로 어렵다면 도움을 받아서라도 풀어야만 합니다.

참을 수 없는 동기의 무거움

건물에 불이 난 경우 사람들이 출구를 찾는 데 걸리는 시간은 평소보다 두 세배 정도 더 길다고 합니다. 위급한 상황에서 더 빠르게 대처할 수 있을 것 같지만, 실제로는 이성적인 판단을 하기 힘든 것이지요. 동기도 이와 비슷합니다. 동기가 지나치면 오히려 공부에 악영향을 끼칠 수 있습니다. 대부분의 경우 동기가 지나치면 결과에 집착하게 됩니다. '내가 이렇게 열심히 했는데 좋지 않은 결과가 나오면 어떡하나?' '결과가 나빠서 부모님과 선생님이 볼 면목이 없지 않을까?' '이번에 결과가 나쁘면 앞으로도 계속 좋지 않을 거야!'

결과에 대한 두려움과 불안 수준이 높아지면 뇌가 필요 이상으로 각성되고 에너지 소모가 불필요하게 많아집니다. 마찬가지로 동기가 지나치면 뇌에 너무 힘을 주는 셈이 됩니다. 이 경우 일시적으로 집중력을 높일 수는 있겠지만 이것이 계속되면 쉽게 피로를 느끼게 됩니다. 혹시 시험이라도 못 보게 되면 실망은 더욱 커지고 우울해지지요. 결국 동기의 과잉이 염려와 불안을 낳고 이것이 서서히 뇌를 지배하게 됩니다. 시험에 대한 염려가 커지면 소위 '시험불안' 혹은 '시험 스트레스' 증상으로 발전하는 경우가 종종 있습니다.

동기의 과잉은 자신에 대한 불신을 시험결과를 통해서나 다른 사람에게 인정받음으로써 해결하고자 하는 마음이 지나쳐서 생깁니다. 동기의 과잉은 속으로는 열등감이 심하지만 겉으로는 자존심이 매우 강한 성격, 다른 사람에게 인정받고자 하는 열망이 강한 성격, 지나치게 경쟁적이거나 욕심이 많은 성격, 다른 사람을 지나치게 의식하는 성격을 가진 친구들에게서 자주 나타납니다. 하고자 하는 의욕은 넘치지만 불안을 많이 느끼며 쉽게 지치고 컨디션에 기복이 심하다면, 혹시 동기의 과잉은 아닌지 스스로 돌아봐야 합니다. 나는 도대체 왜 공부하는지 자신에게 물어보세요.

<table>
<tr><td colspan="3">나는 혹시 동기 과잉이 아닐까?</td><td>그렇다</td><td>아니다</td></tr>
<tr><td>1. 시험 때가 되면 성적 때문에 괴로워하는 내 모습이 떠오른다.</td><td></td><td></td><td>☐</td><td>☐</td></tr>
<tr><td>2. 성적이 나쁘게 나오면 주위에서 나를 우습게 볼 것이다.</td><td></td><td></td><td>☐</td><td>☐</td></tr>
<tr><td>3. 성적이 나쁘면 부모님과 선생님의 실망이 매우 클 것이다.</td><td></td><td></td><td>☐</td><td>☐</td></tr>
<tr><td>4. 시험을 못 보면 내 인생은 완전히 실패할 것이다.</td><td></td><td></td><td>☐</td><td>☐</td></tr>
<tr><td>5. 이번 시험을 못 보면 수능도 잘 보지 못할 가능성이 크다.</td><td></td><td></td><td>☐</td><td>☐</td></tr>
<tr><td>6. 기분에 따라 공부에 집중이 안 될 때가 자주 있다.</td><td></td><td></td><td>☐</td><td>☐</td></tr>
<tr><td>7. 예전에 시험을 잘 보지 못한 것이 떠오를 때가 많다.</td><td></td><td></td><td>☐</td><td>☐</td></tr>
<tr><td>8. 컨디션에 따라 시험의 결과가 크게 달라지는 편이다.</td><td></td><td></td><td>☐</td><td>☐</td></tr>
<tr><td>9. 노력에 비해 다른 사람들보다 결과가 좋지 않은 편이다.</td><td></td><td></td><td>☐</td><td>☐</td></tr>
</table>

※ '그렇다' 가 5개 이상이면 동기의 과잉 상태로 공부의 효율성을 떨어뜨릴 가능성이 있으니 주의해야 한다.

고등학교 2학년인 현수가 클리닉을 찾아왔습니다. 단정한 머리에 검은 뿔테 안경을 쓴, 전형적인 모범생의 느낌을 주는 학생이었지요.

"공부 때문에 스트레스가 많아요. 자꾸 하지 않아도 되는 생각을 하게 되고 집중력이 떨어지는 것 같아요. 중학교 2학년 때 까진 성적이 아주 좋았어요. 중학교 3학년 때 서울로 이사를 왔는데 예상보다 성적이 많이 안 나왔어요. 이후로 정말 열심히 하려고 했고 성적도 꽤 올랐어요. 그런데 성적이 일정하지 않았어요.”

“시험기간이나 시험 볼 때 어떤 생각이 떠오르니?”

“시험을 못 보면 친구들이 나를 무시하는 것 같은 기분이 들어요. 시험 볼 때마다 다 맞혀야겠다고 다짐하죠. 물론 잘 안 되지만요. 내가 쓸데없는 생각을 하는구나 하는 느낌도 들어요. 그렇지만 공부하다 보면 나도 모르게 이런 생각에 빠져들곤 해요.”

심리검사 결과 현수의 언어성 지능은 127로 우수하였으나 동작성 지능은 101로 평균 정도였으며, 두 지능 점수는 26점이라는 의미 있는 차이를 보였습니다(언어성 지능에는 어휘력·수리력·이해력·상식 등이 포함되며, 동작성 지능에는 토막 맞추기·모양 맞추기·기호쓰기·차례 맞추기 등이 있는데, 동작성 지능이 많이 떨어져 있는 경우는 불안이나 우울 등 감정 문제로 인해 자신의 능력을 충분히 발휘하지 못하는 경우가 많다). 검사에서도 수행속도와 집중력에 기복을 보였고 자신의 능력을 충분히 발휘하지 못하고 있었습니다. 공부의 중요성을 알고 최선을 다하고자 하는 강력한 동기를 가지고 있음에도 불구하고 오히려 능력이 발휘되지 않고 있었지요. 무리한 계획을 세우고 강박적으로 매달렸지만 버거울 수밖에 없었지요. 그럴수록 자신을 비판하고 이를 만회하기 위해 더 무리한 계획을 세우는 악순환에 빠져 있었습니다.

현수에게 현실성 있는 계획을 권했지만 설득이 쉽지 않았습니다. 현수는 의식적으로 하고 싶은 것을 절제하는 연습을 해야 했습니다. 시간이 흐르면서 현수는 동기의 과잉과 적절한 동기의 차이를 조금씩 구별할 수 있게 되었습니다. 또한 최선을 다하려는 욕심과 최선을 다하는 상태가 다름을 이해할 수 있게 되었지요. 결국 얼마 전 기말고사 때는 훨씬 나아진 컨디션으로 시험을 잘 봤다는 소식을 들을 수 있었습니다.

자신을 있는 그대로 사랑하기

무엇보다도 자기 자신을 사랑하기 바랍니다. 자신의 모습을 '있는 그대로' 사랑하는 건강한 자기애(healthy narcissism)를 가져야 합니다. 단점은 단점대로 장점은 장점대로 받아들이고 자신의 모습을 조금씩 발전시켜 나가는 것이 건강한 자기애입니다. 건강한 자기애가 없으면 자기를 돌봐야 할 필요가 없고 자기를 성장시킬 이유도 없어집니다. 꿈을 가질 이유도 없겠지요. 당연히 삶의 목표도 없고 에너지도 없습니다. 그냥 가만히 있어도 되거나 어릴 때로 돌아가도 전혀 문제가 되지 않습니다. 건강한 자기애를 가지기 위해선 내가 먼저 자신의 모습을 있는 그대로 받아들이려는 결심을 해야 합니다. 내가 나를 받아들이지 않고 인정하지 않는데 다른 사람들이 여러분을 인정할 수는 없는 일입니다.

성장하면서 충분히 인정받지 못했거나 다른 사람과 비교를 많이 당했다면 현재의 자신이 마음에 들지 않을 가능성이 높습니다. '내가 정말 가치있는 사람인가? 내가 사랑받을 만한 사람인가?'라는 의문을 갖기 쉽지요. 스스로가 마음에 들지 않으면 공부를 하지 않음으로써 자기를 포기하기도 합니다.

때로는 자신의 가치를 증명하기 위해 달성하기 어려운 목표를 세워 필요 이상으로 자신을 닦달하고 못살게 굴기도 하지요. 하지만 스스로에게 너무 높은 목표나 불가능한 과제를 제시하면 실패할 가능성이 높습니다. 결국 실패한 자신을 다시 질책하게 되는 악순환에 빠지는 것입니다. 시험을 볼 때 지나치게 높은 목표를 설정하거나, 스스로를 못마땅하게 여기고 쉽게 좌절하거나, 시험 때문에 심한 불안을 느끼는 학생들이 이런 경우에 해당합니다.

청소년기는 자기의 가치에 가장 회의를 많이 느끼는 시기입니다. 자신을 있는 그대로 받아들이는 것은 쉬운 일이 아닙니다. 이럴 때 혼자 해결하려고 애쓰지 마세요. 편안하게 속마음을 털어놓을 수 있는 사람과 대화하면 도움이 될 것입니다.

흰 피부에 다소곳한 인상을 주는 중학교 3학년 수연이가 친구관계와 학습 동기 부족을 이유로 클리닉 찾아왔습니다. 무겁고 낯설어하는 표정이었으며 유난히 말 꺼내기를 어려워했지요. 겉으론 보기에 교우관계가 나쁘지 않았지만 원만하지도 않았으며 공부에는 관심이 없었습니다. 심리검사에서는 평균 이상의 지능이 확인되었으나 속마음에 불안과 우울한 정서가 많았고 대인관계에서 어려움이 있다는 소견이 나왔죠.

첫 면담에서 몇 가지 물었으나 수연이는 대답을 주저했고 자신의 의사를 충분히 표현하지 못했습니다. 잘못하면 필자는 질문하고 수연이는 질문에 짧게 대답하는 수동적인 면담이 계속 될까봐 걱정되었습니다. 그래서 억지로 대화를 시도하기 보다는 편안하게 시간을 보내며 생각을 함께 나눠보자고 제안했지요. 수연이와 일주일에 한 번씩 만났지만 처음에는 아무 얘기도 없이 그냥 지나보내는 시간이 훨씬 많았습니다. 침묵의 시간은 불편했지만 몇 개월이 지나서 조금씩 이야기를 하고 있다는 것을 느끼게 되었지요.

어느 날 수연이가 드디어 말문을 열었습니다.

"공부와 친구관계에 뭔가 문제가 있지만 그것을 아무에게도 얘기하지 못하고 혼자서만 고민해왔어요."

말문이 트인 수연이에게 무엇이 문제인 것 같으냐고 물었지만 잘 모르겠다는 표정이었습니다. 필자는 지난 수개월 동안 특별히 가르친 것은 없지만 '너의 생각과 느낌을 듣기 위해 항상 기다렸다' 는 사실을 상기시켜주었지요. 오랜 믿음과 기다림은 수연이가 자신의 감정을 표현할 수 있는 용기를 주었습니다. 덕분에 수연이는 누구에게도 말하지 못했던 자신과 가족, 친구들과의 관계에서 느낀 감정에 대해 표현하기 시작했지요. 부정적인 감정을 표현하면서 자신에 대해 가지고 있었던 부정적인 느낌도 좋아지기 시작했으며 진정한 배움의 시간이 열렸습니다.

날이 갈수록 수연이의 표정은 밝아졌고 친구들과의 관계에서 생기는 문제를 보다 명확히 깨닫기 시작했습니다. 문제를 알게 되자 자신뿐만 아니라 다른 사람들의 감정을 이해하는 능력이 자라게 되었지요. 또한 문제가 생겼을 때 필자와 함께 해결책을 의논할 수 있게 되었습니다. 자신을 이해하면서 수동성은 줄어들었고, 수연이는 다시 공부에 대한 동기와 열정을 가지게 되었습니다.

목표가 있다면 결코 지치지 않는다

의외로 단순한 성공의 비결

여러분 폴 포츠*Paul Potts*라는 성악가의 이야기를 알고 있나요? 휴대폰 판매원이던 폴 포츠는 영국의 유명 TV 프로그램〈브리튼즈 갓 탤런트*Britain's Got Talent*〉에 출연하여 충격과 감동을 선사했습니다. 그가 무대에 등장했을 때 심사위원과 관객들은 그의 못생긴 외모와 어눌한 말투 때문에 측은함과 불편함을 느꼈지요. 하지만 그가 노래를 시작하자 현장의 분위기는 완전히 바뀝니다. 사람들은 그의 천부적인 목소리에 빠져들게 되었지요. 그의 외모는 목소리를 더욱 우아하게 만들었고 어눌함은 그의 노래를 더 순수하게 만들었습니다. 노래가 끝나자 심사위원뿐만 아니라 전 관객이 기립박수를 보냈습니다. 결국 최종 우승을 한 폴 포츠는 영국여왕 앞에서 공연을 하고 정식 음반까지 낸 성악가로 활약 중입니다.

그는 어릴 적부터 성악가의 꿈을 가지고 있었지만 자신의 실력을 나타낼 기회를 갖지 못했습니다. 오디션에서도 항상 실패와 좌절을 경험할 수밖에 없었다고 합니다. 그러나 무대에 서겠다는 목표를 한 번도 포기하지 않았습니다. 그의 노래에는 오랫동안의 노력과 좌절, 실망 그리고 자신에 대한 믿음이 녹아 있었던 것입니다.

성공한 사람들의 이야기는 언제나 마음을 움직이고 감동을 줍니다. 어려운 여건에서 공부를 하고도 성공한 친구의 이야기, 성적을 극적으로 끌어올린 이야기 등 공부와 연관된 성공 이야기도 마찬가지입니다. 남다른 성공과 성과를 이루어낸 사람들은 모두 각자의 방식과 비결을 가지고 있지만 한 가지 공통점이 있습니다. 그것은 바로 '목표를 세워 좌절하지 않고 노력했다'는 것입니다. 엄청난 성공에 비하면 너무나 간단하고 시시한 비결이지요. 하지만 누구나 목표를 세우고 노력하면 성공할 수 있다는 것은 희망 가득한 비결이기도 합니다.

그런데 보통 사람들은 그렇게 하지 못합니다. 목표를 세우지 못하는 것일까요, 아니면 좌절하고 중간에 포기해서 그런 것일까요? 공부를 잘하고 싶은 소망을 가진 친구들은 무척 많습니다. 하지만 자신이 원하는 대로 우수한 성적을 받은 친구들은 소수에 불과합니다. 목표를 세워 열심히 노력하면 되는데 왜 그것이 되지 않을까요? 혹시 우리가 목표에 대해 잘못 알고 있었던 것은 아닐까요? 과연 목표란 무엇이며 성공한 사람들이 세우는 목표와 우리의 목표는 무엇이 다른 것일까요?

왜 목표가 필요할까?

　무엇인가를 하고 싶은 마음이 동기라면, 목표는 무엇을 어디까지 할지 구체적으로 정하는 것입니다. 출발하고자 하는 마음이 동기라면 어디로 가야 하는지를 정하는 것이 목표이지요. 한 마디로 목표는 방향을 정하는 것입니다. 개인이든 국가든 목표가 없으면 방황할 수밖에 없습니다. 주변에서 목표가 없는 친구들을 흔히 봅니다. 부모들은 "우리 아이가 목표가 없어서 문제에요"라는 얘기를 하지요. 우리는 알게 모르게, 우리가 원하든 원치 않든 모두 방향과 목표를 가지고 있습니다. 공부도 마찬가지입니다.

　움직이는 모든 것, 심지어 버스와 택시까지도 목표를 가지고 움직입니다. 해바라기는 해를 향하고 배고픈 사자는 먹잇감을 향해 달려가며 비버는 댐을 만들기 위해 혼신의 힘을 다합니다. 심지어 짚신벌레와 같은 단세포동물도 번식이라는 목표를 향해 움직입니다. 세상의 모든 것이 목표를 가지고 있습니다. 단지 드러나는 목표와 그렇지 못한 목표가 있을 뿐입니다. 우리도 자신의 목표를 인식하고 목표를 드러내야 합니다. 자신의 목표가 무엇인지 아는 것이야말로 성공의 출발점입니다.

　전남 완도 출신 골프 선수 최경주는 1999년, 미국 땅을 처음으로 밟았다. 당시 그에게는 세 가지 목표가 있었다. 바로 '세계 골프랭킹 10위', '마스터스 우승', '장학재단 설립'이라는 명확하고 구체적인 목표였다. 2002년 5월 6일

최경주 선수는 한국인 최초로 PGA 투어 우승을 하면서 '세계 랭킹 톱10'의 꿈을 이루었다. 또한 2007년 6월 메모리얼 토너먼트, 7월 AT&T 내셔널 우승으로 상금 세계랭킹 8위까지 올랐다. 그리고 2007년 11월 각종 상금으로 모은 100억 원으로 '최경주 재단'을 설립했다. 가정 형편이 어려운 청소년을 위한 공부방 지원과 장학금 사업을 위해서였다. 이렇게 최경주 선수는 미국에 진출하면서 세웠던 목표 두 가지를 이룬 것이다. 그는 아마 지금도 탱크처럼 더디지만 차근차근 또 다른 목표를 향해 나아가고 있을 것이다.

공부도 다르지 않습니다. 목표가 없다면 이뤄야 할 무언가가 없으니 부지런히 살 이유가 없겠지요. 최경주 선수도 목표 없이 무작정 미국 땅을 밟았다면 오늘의 성과는 없었을 것입니다. 타이거 우즈나 비제이 싱과 같은 세계적인 선수가 볼 때 1997년의 최경주는 그렇고 그런 동양인 선수에 지나지 않았습니다. 하지만 이제는 그들과 어깨를 나란히 하는 세계적 선수가 된 것이죠. 구체적이고 명확한 목표가 있다고 해서 모두 성공한다고 장담할 수는 없습니다. 하지만 목표가 없는 사람은 결코 성공할 수 없다고 감히 장담할 수 있습니다. 어떤 식으로든 그 목표를 마음속에 새기고 그것을 계속 떠올리며 목표를 향해 나아가는 것이지요.

제대로 된 목표라면 아주 구체적이어서 쉽게 상상할 수 있어야 합니다. 예를 들어 '나는 세계적인 과학자가 될 것이다' 보다는 '나는 핵융합 실용화를 성공시킨 물리학자가 될 것이다' 가 더 구체적이지요. 목표는 아직 이루어지지 않은 미래의 일이기 때문에 구체적이지 않으면 현실과 동떨어지게 느껴질 수 있습니다. 이렇게 자신이 진정으로 원하는 목표를 알게 되면 자신을 격려하고 현재를 이끌어 나갈 힘을 가지게 됩니다.

사실 목표는 동기와 사촌지간이라 할 수 있습니다. 거대하지만 다소 모호하게 꿈틀거리는 에너지가 동기라면 목표는 에너지가 어떤 형상을 가지고 분명하게 표출되는 것입니다. 마음에 일정한 동기가 있을 때 구체적인 목표가 생기며 구체적인 목표는 다시 동기를 높여줍니다. 동기와 목표는 서로 좋은 영향을 주고받는 친구 관계인 것이지요.

목표의 놀라운 힘

여러분은 숨 쉴 때 '산소를 아껴야지'라는 생각을 하지 않지요? 하지만 엘리베이터에 갇히게 된다면 어떨까요? 폐쇄된 공간에서 산소가 부족해지죠. 살아남겠다는 목표가 생겨서 말 한마디까지 아끼게 될 것입니다. 목표는 에너지를 모아주고 효율적으로 사용하게 합니다. 여러분이 문과로 갈지 이과로 갈지 결정하지 않은 상태에서 공부한다고 생각해보세요. 분명 문과로 갈 경우와 이과로 갈 경우 집중해야 할 과목이 다를 것입니다. 만약 한문 공부를 하면서도 '혹시 이과로 가게 되면 어쩌지?'라고 생각한다면 집중이 안 될 테니까요. 과학 공부를 하면서도 마찬가지겠지요. 결국 우왕좌왕하면서 에너지만 낭비하게 됩니다.

눈에 보이는 목표는 '한번 해보자'라는 도전의식을 심어줍니다. 중간고사나 기말고사를 보기 전에 과목별로 목표 점수를 적어보세요. 하지만 이때 모든 과목의 목표점수를 100점으로 적는다면 현실과 너무 멀게 느껴져 공부하고자 하는 동기를 만들기 어려울지도 모릅니다. 실현 가능한 목표를 적고 나중에 시험 결과와 비교해보세요. 개중에는 목표치보다 낮은 점수를 받은 과목도 있겠지만 분명 높은 점수를 받은 과목도 있을 것입니다. 그리고 여기서 여러분이 성취감을 느낄 수 있다면 이 또한 동기를 부여하는 데 도움이 될 것입니다. 이런 식으로 마음속에서 동기와 목표, 성취감이 잘 맞물려 돌아간다면 공부가 생각보다 잘 풀릴 수 있습니다.

진실하고 분명한 목표는 슬럼프 기간에 진가를 발휘합니다. 나치의 유태인 수용소 아우슈비츠에서 살아남은 정신과의사 빅터 프랭클은 끝까지 살아남았던 사람들을 관찰하면서 이런 결론을 얻었습니다. "그들은 건강하거나 머리가 좋은 사람들이 아니었습니다. 그들은 삶에 대한 욕구가 강했고 살아남아서 해야 할 일에 대한 구체적인 목표를 가진 사람들이었습니다."

이렇게 목표는 힘든 과정을 극복하도록 도와줍니다. 공부를 하다 보면 왠지 하기 싫어지고 의욕이 떨어지며 짜증이 날 때가 있습니다. 열심히 했는데도 결과가 마음에 들지 않을 때도 있고요. 일시적이라면 문제가 되지 않지만 때로는 몇 주 혹은 몇 개월 동안 이런 현상이 계속 되기도 합니다. 우리는 이것을 슬럼프라고 하는데 누구에게나 찾아오는 불청객이지요.

목표는 뇌를 활성화합니다. 최근의 연구에 의하면 목표가 뇌를 변화시킨다는 것을 알 수 있었습니다. 기능성 자기공명영상(fMRI) 연구에서는 목표가 있는 행동을 할 때 뇌의 '두정엽-전두엽 회로(parieto-frontal circuit)'가 보다 활성화된다는 것이 확인되었지요. 또한 목표가 있는 행동을 할 때 뇌의 상부 '측두엽 뇌이랑(superior temporal gyrus)'이 활성화된다는 연구결과도 있습니다.

뇌파 연구에서도 구체적이고 분명한 목표가 뇌파를 바꿔 적절한 수준으로 뇌의 긴장도를 증가시킨다는 것이 증명되었습니다. 필자가 실시한 실험에서도 뇌파 집중력 훈련을 할 때 분명한 목표를 제시하면 뇌파가 긍정적으로 변화하는 것을 확인할 수 있었습니다. 목표는 심리적인 측면에만 그치지 않습니다. 목표달성을 위해 필요한 뇌의 각 부위를 활성화하고 집중력을 높여줌으로써 뇌의 능력을 최대한 발휘할 수 있는 상태를 만드는 데 도움이 됩니다.

어떤 목표를 가져야 할까?

성공한 사람은 실패하지 않은 사람일까요? 실패하더라도 성공할 때까지 포기하지 않는 사람이지요. 무엇이 이들을 포기하지 않게 만들까요? 그것은 목표를 이루고 싶은 간절한 마음입니다. 파울로 코엘류의 베스트셀러《연금술사》의 주인공 산티아고는 자아를 찾기 위해 연금술사를 찾아다닙니다. 그리고 "사람이 어느 한 가지 일을 소망할 때, 천지의 모든 것이 우리가 꿈을 이룰 수 있도록 뜻을 모은다"는 얘기를 듣지요. 또 다른 베스트셀러《시크릿》에서도 긍정적인 생각을 갖고 간절히 원하고 믿으면 자신이 꿈꾸는 것을 끌어당길 수 있다는 것을 강조합니다.

의무적으로 달성해야 하는, 그래서 여러분을 속박하는 목표는 버리세요. 자신을 움직일 수 있는 목표를 가져야 합니다. 나는 그것을 '진정한 목표'라고 부릅니다. 단지 여러분이 학생이기 때문에 공부를 잘해야 한다고 생각한다면 그것은 여러분을 속박하는 목표입니다. 진정한 목표를 가진 사람들은 작은 실패에 좌절하지 않았습니다. 학생이기 때문에 공부를 잘해야 한다는 것이 목표라면 단 한 번 시험을 망친 것도 견디기 힘들 것입니다. 하지만 여러분의 목표가 '나는 가난한 어린이를 위한 도서관을 세우는 것'이라면 어떨까요? 수학시험 한 번 망친 것 때문에 좌절하지는 않을 겁니다. 진정한 목표는 자신을 감동시키고 좌절을 이겨낼 힘을 줍니다. 여러분도 자신이 공부하는 목표가 무엇인지 돌아보고 그것이 진정한 목표인지 고민해보는 시간을 갖기 바랍니다.

1. 진정한 목표는 구체적이고 명확합니다. 그것은 단순한 꿈이나 희망 사항과는 다릅니다. 진정한 목표는 목표를 이룰 때의 상황이 마치 현재 경험하는 것처럼 생생하게 느껴지고 사진이나 동영상을 보는 것처럼 선명하게 그려지는 구체적인 목표입니다.

2. 진정한 목표는 하고 싶은 마음을 샘솟게 합니다. 진정한 목표는 목표의 주인인 자신과 분리되지 않습니다. 자신의 마음 깊은 곳에서 생겨나는 목표이기 때문에 사람을 움직이는 힘을 가집니다. 또한 목적지를 향해 나갈 수 있는 에너지를 주고 그 일에 매진하게 만듭니다.

3. 진정한 목표는 생산적이며 긍정적입니다. 가령 도둑질에 탁월한 소질이 있어 세계 최고의 도둑이 되는 것을 목표로 삼았다면 우리는 그것을 진정한 목표라고 부를 수 없습니다. 좋은 것을 만들어 내고 긍정적인 영향을 주는 것이 아니기 때문입니다. 생산적이고 긍정적인 목표는 자신뿐만 아니라 주위사람들도 기쁘게 합니다.

4. 진정한 목표는 자신을 발전시킵니다. 우리가 살아가는 이유는 배우고 발전하기 위한 것입니다. 공부의 이유도 스스로 더 나은 존재가 되고 문제해결 능력을 키우는 것입니다. 목표 없이 빈둥거리며 놀기만 하는 반항적인 친구들이 있습니다. 겉으론 목표가 없어 보이지만 사실은 나름의 목표를 가지고 있는 친구들입니다. 반항하거나 자기를 파괴하는 발전적이지 못한 목표를 가지고 있을 뿐이지요.

5. 진정한 목표는 자신이 믿고 있는 가치와 일치합니다. 예를 들어 성

적을 올리겠다는 목표를 세웠지만 공부하는 것이 그다지 가치 있다고 생각하지 않는다면 그 목표는 자신을 움직이지 못합니다. 단순한 구호거나 일시적인 마음의 위안을 위한 것일 때도 진정한 목표가 아닙니다. 진정으로 하고 싶고 해야 할 가치가 있다는 생각을 해야 합니다.

다음 질문들은 자신의 내면에 대해 생각하게 하는 질문입니다. 진정한 목표를 찾아가는 길의 이정표 같은 것이지요. 질문에 대답이 잘 떠오르지 않을 수도 있습니다. 그러나 실망할 필요는 없습니다. 자신에 대해 생각해볼 기회가 없었을 뿐입니다. 이제부터 알아가면 됩니다. 시간을 가지고 천천히 생각해보세요.

· 어릴 때 내가 즐거워하던 일은 무엇이었나?

· 어릴 때 나는 주로 무엇을 하며 시간을 보냈나?

· 내가 특별히 열심히 하거나 재미를 느낀 것은 무엇인가?

· 요즘 나는 어떤 일을 할 때 기분이 좋아지고 행복을 느끼는가?

· 보람을 느끼는 일은 무엇인가?

· 내가 주로 보는 책은 어떤 분야인가?

· 나도 만족하지만 다른 사람들도 혜택을 볼 수 있는 일은 어떤 것일까?

· 내가 잘 하는 것은 무엇일까?

· TV나 신문, 잡지에 소개된 사람들 중에 닮고 싶은 사람이 있는가?

• 앞으로 나는 무엇을 하면 기분이 좋고 행복을 느낄까?

목표와 관련해 제 개인적인 얘기를 해볼까합니다. 저는 2002년에 처음 개인의원을 개원했습니다. 어떤 분야를 전문적으로 다룰까 고민하다가 비만클리닉을 하기로 결정했지요. 지금도 그렇지만 비만은 사회적 관심도 높았고 왠지 비만클리닉을 하면 쉽게 기반을 잡고 돈도 벌 것 같은 기분이 들었습니다. 위치 좋은 곳에 병원을 잡고 최고의 장비를 구입하고 인테리어도 신경 쓰며 나름 열심히 준비했습니다. 그러나 원하는 대로 되지 않았습니다. 오히려 실패했습니다.

그런데 실패보다 더 안타까운 것은 일을 하면서 행복하지 않았다는 점입니다. 나름의 보람을 느끼기도 했지만 그다지 기쁘지 않았으며 병원의 발전 방향이나 목표도 뚜렷하지 않았으니까요. 지금 생각해보면 비만클리닉은 처음부터 하고 싶은 일이 아니었고 준비하면서도 진정으로 원하는 일이 아니었습니다. 병원이 잘 안 되어서 다행히(?) 생각할 시간이 많았습니다. 분명한 것은 원하는 일을 해야 행복하다는 것이었습니다. 그렇지만 제가 원하는 일이 무엇인지를 아는 것은 그리 쉽지 않았지요.

내가 원하는 일은 무엇인가? 나는 어떤 일을 할 때 행복을 느끼는가? 나는 어떤 일을 잘할 수 있는가? 스스로에게 매일 질문하면서 답을 구했습니다. 몇 개월이 지나면서 조금씩 어떤 생각이 떠오르기 시작했습니다. 제가 사람들이 살아가면서 느끼는 것과 배우는 것 그리고 그들이 발전해가는 모습에 관심이 많았다는 것을 기억하게 되었습니다. 이렇게 공부클리닉을 시작하게 된 것입니다. 비만클리닉을 할 때보다 훨씬 강력하게 하고 싶은 마음이 들었지요. 비록 많은 시간과 비용이 들었지만 값진 교훈이었지요.

작은 목표가 모여 큰 목표가 된다

목표를 인식할 때 고려해야 할 것은 바로 시간입니다. 시간에 따라 목표를 단계적으로 나눌 수 있어야 합니다. 아무리 구체적인 목표라도 10년 후에 달성할 목표라면 쉽게 와 닿지 않을 것입니다. 그래서 단기목표와 장기목표를 구분해야 합니다. 현재와 가까운 시간의 단기목표를 하나하나 달성에 나가면서 장기목표에 다가가는 것이지요. 예를 들어 단기목표는 평상시 공부의 목표가 될 수 있습니다. 이때 단순히 시간 배분만 하기보다는 내가 얼마간의 시간동안, 어떻게 공부해서, 무엇을 배우겠다는 것을 명확히 하는 습관을 기르는 것이 중요합니다.

- **단기목표 : 매일 공부할 때의 목표와 가까운 시험의 목표**
  ex) 나는 매일 1시간씩 수학 오답노트를 정리한다.
  오늘은 2시간 동안 영어 단어 50개를 외운다.

- **중기목표 : 1년 혹은 1학기의 목표**

  ex) 나는 1학기에는 평균 90점을 받는다.

  　　나는 2학기에 1학기 때보다 평균 10점을 올린다.

- **장기목표 : 중학교의 목표, 고등학교의 목표, 대학교의 목표**

  ex) 나는 00대학 00과에 진학한다.

학기나 학년의 성과나 시험결과는 중기목표에 해당합니다. 시험을 볼 때는 구체적인 점수로 목표를 세우는 것이 좋습니다. 대학진학과 전공에 대한 목표는 학생들의 입장에서 볼 때 장기적인 목표입니다. 단기·중기·장기목표를 세울 때 중요한 것은 목표를 이루는 과정 사이의 격차가 없어야 한다는 것입니다. 단기목표에서 수학에 할애한 시간이 얼마 되지 않는데 중기목표가 모의고사 수학만점이라면 달성하기 힘든 목표가 되겠지요. 목표가 현실과 너무 동떨어진 나머지 자신감이 떨어지거나 심한 불안을 느낀다면 목표가 잘못된 것일 가능성이 많습니다.

목표는 달콤한 장밋빛 미래를 생각하며 현실을 잊게 만드는 도피처가 되어서는 안 됩니다. 또한 목표를 세운 것만으로 마치 목표가 이루어진 것처럼 스스로 만족하고 게을러져도 안 되겠지요. 한번 목표를 세우면 집요하게 뚝심을 가지고 버텨야 합니다. 혹시 조바심이 생기더라도 너무 걱정할 필요는 없습니다. 진정으로 원하는 목표는 시간이 걸리더라도 반드시 이루어지기 때문입니다.

작은 목표가 모여 큰 목표가 됩니다. 폭이 넓은 개울가를 한 번에 뛰어 건널 수 없다면 자신의 보폭에 맞는 징검다리를 중간에 놓아야 합니다. 이것이 바로 단기목표지요. 쿠바의 유명한 혁명가 체 게바라는 "젊은이여, 불가능을 꿈꿔라. 그러나 현실주의자가 되라"고 했습니다. 불가능할 것 같은 큰 목표를 추구하되 현실 속에서 구체적 행동으로 옮기라는 뜻입니다. 노벨 평화상을 받은 테레사 수녀도 "나는 위대한 일을 한 적이 없어요. 단지 그날그날 내가 해야 할 작은 일을 했을 뿐이에요"라고 말했지요. 이 역시 오늘 하루하루 작은 목표를 실천하다 보면 큰 목표는 저절로 이루어진다는 말입니다. 하지만 분명히 큰 목표를 향해 나아간다는 방향성은 있어야겠지요.

공부를 왜 해야 하는지 모르겠어요

동기가 없는 청소년들은 아예 공부 자체를 싫어하고 공부의 필요성을 부정합니다. 하지만 목표가 없는 청소년들은 공부의 필요성을 인정하는 경우가 많습니다. 실제로 숙제도 어느 정도 하고 공부에 대한 기본적인 관심은 나타냅니다. 그렇지만 왠지 열심히 하지는 않으며, 아주 수동적이지도 않지만 활기가 부족합니다. 공부나 미래에 대해 물어보면 "공부를 하기는 해야죠. 그런데 하고 싶지 않을 때가 많아요. 재미없어요, 시키니까 그냥 하는 거예요. 성적이 오르면 좋죠. 그렇지만 그렇게 열심히 해야 되는지는 모르겠어요. 별로 하고 싶은 것은 없어요, 어른이 되면 어떻게 되겠죠."라는 식으로 말합니다.

목표가 없는 사람들은 사실은 '목표를 발견하지 못한' 사람들입니다. 자신 안에 내재되어 있는 목표를 인식하지 못하고 있을 뿐이지요. 목표가 없다고 얘기하는 사람들 중에는 사실은 목표가 없는 것이 아니라 부정적인 목표를 가지고 있는 경우가 많습니다. 목표가 없다고 생각하며 자신이 해야 할 일을 하지 않거나 공부를 하지 않는 것은 그 자체로 무엇인가를 표현하고 있는 것입니다. 스스로 잘 되고 싶지 않거나 혹은 자신에게 나쁜 일이 일어날 거라고 믿지요. 왜 어떤 사람들은 목표를 인식하지 못하거나 부정적인 목표를 가지게 되는 것일까요?

우선 현재가 크게 불편하지 않기 때문입니다. 현실에서 나름의 만족을 느끼고 안주하는 경우이지요. 적절한 방식으로 현실과 타협한 결과입니다. 예를 들면 부자가 되겠다고 하면서 저축을 하지 않는 경우와 같습니다. 속으로는 돈이 부족하다고 생각하지 않고 적당히 소비하면서 나름의 만족을 얻기 때문에 저축을 하지 않는 것이지요. 담배가 건강에 좋지 않다는 것을 알면서도 끊지 못하는 것도 마찬가지입니다. 흡연을 하면서 스트레스를 푼다고 생각하기 때문입니다. 현실을 감사하게 받아들이는 것과 현실에 안주하는 것은 구별되어야 합니다. 지나친 현실 안주와 타협은 목표달성이나 발전을 방해합니다. 이렇게 현실에 안주하는 친구들의 경우 주변에 발전해나가는 사람이 없거나 진정한 성취감을 경험해보지 못한 것이 원인인 경우가 많습니다.

그리고 무기력하고 우울하기 때문입니다. 목표가 없는 친구들은 무기력합니다. 대부분의 경우 자신은 문제가 없다고 여길 뿐 아니라 우울함을 잘 인식하지도 못합니다. 그러나 속마음은 편하지 않습니다. 이는 투사검사(자신의 마음이나 내면을 살펴보는 심리검사의 일종. 추상적인 그림이나 상황에 대한 반응을 통해 마음속 생각이나 감정을 알아본다. 로샤*Rorschach*검사가 대표적)를 해보면 잘 알 수 있습니다. 겉으로는 표시가 나지 않지만 마음 깊이 우울하거나 덧없다는 느낌이 숨어 있고 미래에 대한 막연한 불안을 가지고 있지요. 누군가에게 화가 나 있지만 표현하지 못하고 있을 때도 있습니다. 불편한 감정이 억눌려 있는 것입니다. 이러한 감정은 숨길 수는 있지만 결코 없어지지 않습니다. 해결되지 않은 불편한 감정은 자신을 움츠려들게 만듭니다. 불편한 감정이 있기 때문에 자신을 믿지 못하며 자신감은 점점 줄어들지요.

목표를 이룰 수 없을 것이라는 불안과 두려움 때문입니다. 목표 자체가 없는 것은 아니지만 두려움이 점점 심해지면서 목표를 없애버릴 수도 있습니다. 불안과 두려움 이면에는 좌절감을 견딜 수 없는 마음이 있습니다. 목표가 완전히 사라지면 목표 때문에 생기는 부담이나 압박감도 없어지기 때문이지요. 예를 들어 공부 목표를 세웠지만 성적이 원하는 만큼 나오지 않을 것 같다는 불안감을 가질 수 있습니다. 이때 차라리 목표를 세우지 않으면 좌절감은 맛보지 않아도 된다고 생각하는 것이지요. 불편한 감정을 피하기 위해 미래를 담보로 현재를 희생하는 것입니다. 잠깐은 마음이 편할지도 모르지만 시간이 지날수록 더 큰 불편함이 찾아오겠지요.

목표의 주체인 '자신' 에게 문제가 있기 때문입니다. 목표는 자신을 사랑할 때 자연스럽게 생겨납니다. 이러한 애정을 '자기애' 라고 하는데 건강한 자기애가 있어야 목표가 생깁니다. 좋아하는 사람에게 뭔가 하나라도 더 주고 싶은 마음이 드는 것처럼 말이지요. 목표가 없는 사람들은 대부분 자신에 대한 애정이 없는 사람입니다. 때로는 애정이 없는 수준을 넘어서 자신을 싫어하고 혐오하는 사람도 있습니다. 자신을 싫어하면 어떤 일을 하더라도 절대로 성공할 수 없습니다. 자신을 싫어하는 사람은 잘 되는 것을 바라지도 않으며 어려움을 견딜 수도 없기 때문이지요.

자신을 사랑하지 않는 사람들은 대부분 자신의 외모부터 마음에 들어하지 않습니다. 성격도 마음이 들지 않고 자신을 둘러싼 주변 환경도 싫지요. 당연히 원망과 미움 그리고 열등감을 갖게 됩니다. 물론 그럴 만한 나름의 이유가 분명히 있습니다. 그렇지만 불편한 감정이 자기를 지배하기 시작하면 목표는 연기처럼 사라지게 된다는 것을 잊지 말아야 합니다.

고등학생 현철이는 중학교 때까지는 열심히 공부했고 반에서 5등 정도의 성적을 유지했습니다. 고등학교 진학하면서 공부에 대한 관심이 더 높아졌고 첫 중간고사를 잘 봐야겠다는 마음으로 열심히 준비했지요. 그런데 중간고사 결과는 현철이가 기대했던 만큼 나오지 않았습니다.

"열심히 했는데, 티는 안냈지만 많이 실망했어요. 좌절감도 들고요. 공부가

싫어지더라고요."

　현철이는 첫 시험을 보고나서 완전히 실망했습니다. 마음을 달래고

싶은 마음에 연락이 뜸했던 중학교 때 친구들을 만나기 시작했고 친구

들과 노는 재미에 빠지게 되었지요. 친구들도 비슷한 처지라 서로 위

안을 삼을 수 있었고 친구들과 있으면 마음이 편해졌습니다. 친구들과

지내는 시간이 많아지면서 공부에 대한 생각은 점점 줄어들었고 목표

도 사라진 것입니다. 사실 현철이에게 필요한 것은 친구가 아니라 마

음을 편안하게 해주고 근심을 잊게 해줄 '그 무언가' 였지요. 문제는

자신이 진짜로 원하는 것이 무엇인지를 몰랐다는 것이었습니다. 고통

과 좌절의 감정을 똑바로 보고 그것을 받아들이며 해결할 마음의 여유

가 없었지요.

　현철이는 좌절하기는 했지만 다행히 자신을 소중히 여길 줄 아는 마

음을 갖고 있었습니다. 그래서 필자와의 대화를 피하지 않았지요. 상

담을 통해 고등학교 진학하면서 겪은 변화에 대해 함께 얘기할 수 있

었습니다. 현철이 본인 또한 자신의 감정과 마음 상태를 되돌아 볼 기

회를 가지게 되었지요.

　현철이를 만난 지 2개월이 되었을 때 현철이가 한 얘기는 지금도 기

억에 생생합니다. "고등학교에 와서 시험 준비를 하면서 많은 기대를

가졌어요. 그렇지만 한편으로는 두려웠지요. 성적이 떨어지는 것보다

다시 잘할 수 없다는 두려움이 문제였던 것 같아요. 결과보다 좌절과 두려움 자체를 두려워했다는 것을 이제는 알겠어요.” 공부가 자신을 배신하더라도 스스로가 자신을 배신하지 않는다면 공부는 반드시 돌아온다는 사실을 잊지 않았으면 좋겠습니다.

어떻게 목표를 찾고 유지하는가?

내 안에 숨어 있는 목표 찾기

아직까지도 ‘나는 아무리 생각해도 목표가 없어’라고 생각하는 친구들이 있을지도 모르겠습니다. 하지만 자신의 내면 어딘가에 목표가 있다는 사실을 믿어야 합니다. 목표를 발견하는 열쇠는 대부분 자신의 과거에 있습니다. 그럼 지금부터 자신을 찾아 과거로의 여행을 시작해봅시다.

이를 위해서는 누구에게도 방해받지 않고 자기 자신에게 집중할 수 있는 시간이 필요합니다. 어렸을 때 나의 꿈은 무엇이었을까? 유치원 다닐 때 혹은 초등학교 저학년 때로 되돌아가서 어떤 꿈을 가지고 있었는지 천천히 떠올려보세요. 분명 한두 가지쯤은 꿈을 가지고 있었을 것입니다. 로봇을 만드는 과학자나 대통령이 꿈이었을지도 모릅니다. 그런데 언제부터인가 꿈이 희미해지고 목표가 줄어들기 시작했을 것입니다. 그때가 언제인가요? 그 당시에 공부와 관련된 혹은 그 이외의 스트레스는 없었나요? 혹시 부모님과 사이가 나쁘지는 않았나요? 자신이 어떤 기분을 느꼈는지 기억해보세요. 공부 말고 다른 것에 관심을 가졌다면 그것이 무엇이었나요?

목표는 여러분 마음속 어딘가에 숨어 있습니다. 그러니 없다고 단정 짓지 말고 그것을 찾기 위해 노력해야 합니다. 어떤 친구들은 한두 번 시도해보고 포기하기도 합니다. 하지만 한두 번의 고민으로 내안의 목표를 찾지 못했다고 실망할 필요는 없습니다. 누구에게나 자신 안의 목표를 발견하는 것은 쉬운 일이 아닙니다. 단지 내 안의 목표를 찾아야겠다는 마음만은 버리지 마세요. 머지않아 내면의 목소리를 듣게 될 것입니다.

목표 달성에 대한 조급증 버리기

목표를 세우고 열심히 노력했으나 결과가 나빠서 목표를 포기하려는 친구들이 의외로 많습니다. 최근 내신 성적이 강조되면서 시험을 한번이라도 망치면 안 된다는 강박관념을 가진 친구들이 늘어나고 있습니다. 성적에 대한 강박관념은 조급증과 불안을 불러올 수 있습니다. 많은 친구들이 마음을 단단히 먹고 공부하면 다음 시험에 그 결과가 나타나야 한다고 생각합니다. 그러나 너무 급하게 마음먹으면 오히려 낭패를 보게 됩니다.

이륙효과(take-off effect)라는 것이 있습니다. 활주로의 비행기가 이륙하기 전까지는 그다지 빠른 속도로 달리지 못하지만 일정시간이 지나 일단 비행기가 뜨고 나면 이륙하기 전과는 비교할 수 없는 속도로 날아가게 되지요. 공부도 마찬가지입니다. 실질적인 성적 상승까지는 시간이 걸립니다. 개인에 따라 차이가 있지만 마음먹고 공부를 시작한 후 성적이 본격적으로 오르기까지 적어도 6개월의 시간이 필요합니다. 여러분이 성급하게 "나는 왜 머리가 나쁠까? 나는 공부해도 안 되는구나!"라는 식으로 자신을 합리화하지 말기 바랍니다.

두려움에 굴복하지 않고 맞서기

우리는 미래에 대해 알 수 없기 때문에 두려워합니다. 실패할까봐 두려워하는 것도 당연합니다. 그러나 우리를 진정 두렵게 하는 것이 실패여서는 안 됩니다. 꿈을 잃어버리고 목표가 사라지는 것처럼 슬프고 두려운 것은 없습니다. 목표가 없다는 것은 단순히 해야 할 일이 없어지는 것이 아닙니다. 모든 생명체의 존재 이유인 발전과 성숙을 포기하는 것이며 삶의 기본 방향을 잃어버리는 것입니다. 두려움은 피하거나 돌아간다고 없어지지 않습니다. '피할 수 없으면 즐겨라' 라는 말은 두려움을 극복하는 데도 적용됩니다. 우선 두려움 자체를 인정하고 받아들이는 것이 좋습니다.

어느 정도의 불안과 두려움은 적당한 긴장을 유지시켜주므로 반드시 필요합니다. 문제는 과도한 두려움과 불안입니다. 시간의 축(time axis)이라는 것이 있습니다. 과거·현재·미래 중 자신이 어떤 시간을 중심축으로 삼고 있는지 생각해봅시다. 지나간 과거에 대한 후회나 미련에 너무 많은 시간을 할애하고 있는 것은 아닌가요? 알 수 없는 미래에 대한 염려로 시간을 보내고 있지는 않은가요? 두려움은 미래에 대한 지나친 염려가 반영된 결과입니다. 미래를 아는 사람은 아무도 없습니다. 걱정하고 염려한다고 미래를 바꿀 수 있는 것도 아닙니다. 우리가 변화시킬 수 있는 것은 현재뿐입니다. 현재가 여러분의 시간이 되어야 합니다. 지금 이 순간에 머무르며 현재를 느끼고 최선을 다하는 것은 두려움과 불안을 이겨내는 힘을 줍니다.

목표를 세우면서 '할 수 있을까'라는 생각이 항상 떠오른다면 '지금 내가 어떤 선택을 하는 것이 가장 효과적일까'라는 질문으로 바꾸기 바랍니다. 생각해봤자 알 수 없는 미래보다는 현재에 집중하여 에너지를 사용해야 합니다.

닮고 싶은 사람 찾기

진정한 목표를 인식할 때 필수적인 과정 중 하나는 닮고 싶은 사람을 발견하는 일입니다. 어떤 사람처럼 되어야겠다는 마음을 심리학에서는 '동일시(identification)'라고 합니다. 누군가와 자신을 동일한 사람처럼 느끼고 싶어 하는 욕구이지요. 동일시는 인격의 발달에 매우 중요한 역할을 합니다. 발전의 모델이 되기 때문입니다. 건강한 어린 시절을 보내고 청소년기가 찾아오면 자연스럽게 누군가를 닮고 싶은 마음이 생깁니다.

가장 먼저 일어나는 동일시는 부모와의 동일시입니다. 그러므로 부모와 좋은 관계를 유지하는 것이 중요합니다. 일단 부모와의 건강한 동일시에 성공하면 자연스럽게 다른 사람과의 동일시로 이어지면서 발전하게 됩니다. 우리는 마음만 먹으면 다양한 분야에서 여러 가지 방법으로 성공한 사람들의 이야기를 접할 수 있습니다. 책을 통해서 텔레비전이나 신문, 잡지를 통해서, 인터넷을 통해서 자신이 끌리는 사람을 찾고 그 사람을 본받고자 하는 마음을 갖다 보면 자연스럽게 목표를 발견할 수 있습니다.

다른 사람을 닮고 모방하는 것을 기분 나쁘고 자존심 상하는 일로 받아들이는 친구들이 있습니다. 그러나 모방은 창조의 시작이며 우리의 삶 역시 모방에서 시작됩니다. 어머니의 말을 따라하면서 언어를 배우고 부모의 행동과 습관을 따라하면서 살아가는 법을 배웠다는 사실을 잊지 마세요. 청소년기에는 자의식이 강해지는데 이는 자신과 미래에 대한 불안이 커지기 때문입니다. 강한 자의식은 자존심을 강하게 만들고 다른 사람을 닮기보다는 자기 나름의 생각을 고집하게 합니다.

자기를 이해하고 사랑하기

과거여행을 하다 보면 자신에게 실망을 느끼고 잊었던 상처가 되살아나 마음이 불편해질 수 있습니다. 그러나 두려워할 필요는 없습니다. 사람은 누구나 약점을 가진 존재입니다. 문제는 결점 자체가 아니라 결점을 모르거나 부정하는 것입니다. 자신을 있는 그대로 바라보고 소중하게 여겨야 합니다. 자신에 대한 사랑을 회복하고 그것을 통해 건강한 자기애를 느낄 수 있어야 하지요. 자신을 사랑하기 위해서는 우선 자신에 대해 잘 알아야 합니다.

자신을 잘 모르는 것은 여러분만의 책임이 아닙니다. 자신을 표현하고 나타낼 기회가 적어서 그런 것입니다. 자신을 계속 표현하고 대화를 하다 보면 그 안에서 자신의 모습을 발견할 수 있습니다. 마치 거울에 비친 자신을 보는 것과 같습니다. 부모와의 대화, 형제와의 대화 그리고 친구나 선생님과의 대화는 자신을 비출 수 있는 거울입니다. 자신을 모른다고 스스로를 원망하거나 비난하지 마세요. 누구도 처음부터 자신에 대해 잘 알 수는 없습니다.

자신이 어떤 사람인지를 알아가기 시작하면 주변의 모든 것들이 달라 보입니다. 무엇보다 하고 싶은 것이 생기기 시작합니다. 진정한 목표를 가지기 위해서는 마음속에 '나'라는 개념이 생겨야 합니다. 건강한 '나'를 인식하면 숨어 있던 목표가 우리 앞에 나타나게 됩니다.

요즘에는 기업뿐만 아니라 국가들도 자국의 이미지를 높이고 국가 브랜드를 강화하기 위해 노력하고 있습니다. 나라 이름 앞에 수식어를 붙여 표현하는 것도 한 가지 방법입니다. Dynamic Korea, Cool Japan, Incredible India, Fascinating Beijing, Truly Asia 등이 대표적인 예이지요. 개인도 수식어를 통해 자기만의 개성을 표현하곤 합니다. 얼마 전 큰 인기를 끌었던 '거침없이 하이킥'이라는 시트콤에서도 '야동순재' '꽈당민정' 등의 캐릭터가 화제가 되기도 했지요. 여러분도 자신의 장점을 발견하고 그것을 캐릭터로 만들어보세요. 목표를 세

우는 좋은 방법이 될 수 있습니다. '집중철수' '영어영희' '수학수진'
'노력재현' '성실민정' '열정수정'처럼 말이지요.

길을 잃었다면
가치의 안내를 받아라

가치 있는 일을 선택하라

19세기에 매우 부유한 한 남자가 있었습니다. 그런데 이 남자는 어느 날 신문을 보다가 깜짝 놀라게 됩니다. 자신의 죽음을 알리는 부고 기사가 있었기 때문입니다. 그의 이름 앞에는 '죽음의 상인'이라는 수식어가 붙어 있었습니다. 실제로는 그의 형이 죽은 것인데 그의 죽음으로 잘못 보도된 것이지요. 이 오보를 통해 그는 많은 것을 깨달았습니다. 자신이 큰 성공을 거두었지만 사람들에게는 그저 살생무기로 엄청난 돈을 번 '죽음의 상인'에 불과하다는 것이었지요. 그때부터 그는 달라지기 시작합니다. 전에는 부의 축적이 인생에서 제일 가치 있다고 생각해왔지만 이제부터는 세상에 도움이 되는 일을 하기로 결심합니다.

이 남자가 바로 다이너마이트를 발명하고 노벨 평화상을 만든 알프

레드 노벨입니다. 수많은 전쟁과 분쟁 속에서 이윤을 남겼지만 결국 그는 사람의 생명을 빼앗는 무기로 돈을 번 죽음의 상인에 불과했지요. 이 사실을 깨달은 순간 그는 인류의 평화와 행복에 기여를 하는 방법을 찾아야겠다고 생각했습니다. 이렇게 노벨상이 탄생하게 된 것입니다. 자신의 부고기사를 계기로 그가 가치 있다고 생각한 것이 '부의 축적'에서 '인류의 평화와 행복'으로 바뀐 것입니다.

인생은 끊임없는 선택의 연속입니다. '영어 공부를 할 것인가 TV를 볼 것인가.' '친구랑 놀 것인가 도서관에 갈 것인가.' '문과와 이과 중 어느 쪽을 선택할 것인가.' 무라카미 하루키라는 소설가는 '인생은 비스킷통과 같다'고 했습니다. 소설가가 의도한 바는 따로 있겠지만 저는 '인생은 어떤 것을 선택하느냐'에 따라 달라진다는 의미라고 생각합니다. 그렇습니다. 인생은 자신이 무엇을 선택하느냐에 따라 달라집니다. 그러니 성공한 인생도 실패한 인생도 결국 자신이 그렇게 만든 것이지요. 다른 사람이나 환경, 시대를 탓하는 것은 무의미합니다.

그럼 우리는 무엇을 선택해야 할까요? 우리의 생각·태도·마음가짐·행동·습관 등 모든 것을 선택할 수 있습니다. 그러나 선택을 하기 위해서는 기준이 필요합니다. 우리가 시장에서 물건을 살 때 가격과 품질, 서비스 등을 기준으로 선택하듯이 우리의 생각과 행동에도 선택 기준이 필요합니다. 그것이 바로 가치입니다. 가치는 여러분이 올바른 선택을 하도록 도와줍니다. 사람들은 자신이 중요하다고 생각하는 것을 위해 행동합니다.

자, 여러분에게 여러 가지 경우의 수가 있습니다. 공부를 할 수도 있고 영화를 볼 수도 있으며 친구들과 잡담을 할 수도 있습니다. 여러분에게는 어떤 것이 더 가치 있는 일인가요? 여러분이 하는 공부에는 어떤 가치가 있나요? 가치 있는 일에 우리의 시간과 열정을 쏟아야 합니다. 그것이 모든 성공의 비결이지요. 당연히 올바른 가치체계를 가지고 있어야 올바른 선택을 할 수 있습니다.

지금 중학교 3학년인 승진이를 만난 것은 2년 전입니다. 누분증(4세가 지나고 신체질환이 없는데도 대변을 가리지 못하는 배설장애의 한 종류)과 주의력결핍증후군(ADHD)으로 놀이치료와 약물치료를 받고 있었지요.
"마음이 통하는 사람이 없어 게임밖에 할 게 없어요."

승진이의 표정은 어두웠지만 속에는 뭔가 하고 싶은 말이 있는 것 같았고 따뜻한 속마음이 엿보였습니다. 어색했지만 뭔가 통할 것 같은 승진이와의 만남은 그렇게 시작되었고, 일주일에 한 번씩 면담을 하면서 조금씩 친해지기 시작했습니다. 승진이는 대화가 통하지 않는 친구들과 학교교육의 문제점을 주로 얘기했죠. 특히 강제적인 교육이나 앞뒤가 맞지 않는 선생님들의 태도가 이해되지 않는다며 화를 내 마음에 상처가 많다는 느낌을 받았습니다.

승진이는 면담을 시작하고 조금씩 달라지는 모습을 보여주었습니다. 잘 나가지 않던 학원에 꼬박꼬박 나갔고, 학교에서 친구들과 부딪히는 횟수도 줄어들기 시작했지요. 게임시간도 조금씩 줄여나갔지만 여전히 남는 시간을 어떻게 보낼지 몰라 고민하고 있었습니다.

어느 날 조금씩 변화하는 모습을 보여줬던 승진이에게 큰 변화의 계기가 찾아왔습니다. 게임을 하면서 알게 된 친한 형이 교통사고로 갑자기 죽었다는 소식을 접하게 된 것이지요. 승진이는 진지한 표정으로 "앞으로 어떻게 될지 모르는 게 인생인데 최선을 다하고 주변 사람에게도 잘해야겠다"고 말했습니다. 학교에서도 친구들과의 마찰에 인내심을 발휘했고 과거에 자신이 친구들에게 억지를 부리던 모습을 부끄러워했지요. 승진이의 성숙해진 모습은 필자조차도 놀라게 했습니다. 심지어는 게임을 하지 않는 시간에 책을 읽으면서 필자에게 책의 내용을 설명해주기도 했지요.

얼마 후 승진이는 "예전엔 성적이 낮은 것을 부끄럽지 않다고 생각했는데, 노력을 하지 않는 것은 부끄러운 것 같다."면서 공부에 대한 관심을 보이기 시작했습니다. 공부를 시작하고 6개월이 지나자 하위권 성적이 중위권으로 올라갔죠. ADHD, 게임중독, 학습부진, 사회성 부족 같은 문제로 약물치료를 받던 친구가 이제 약물이 필요하지 않을 뿐 아니라 위의 문제들이 거의 없어진 상태입니다.

지금도 승진이는 계속 변화하는 모습을 보여주고 있습니다. "학교는 모순투성이며 배울 것이 없다, 친구들과는 대화가 되지 않는다, 학교공부는 쓸데없고 할 필요가 없다, 우리와 상관없는 영어를 왜 배워야 하나!" 등 공부에 대한 부정적인 가치로 똘똘 뭉쳤던 친구가 이렇게 긍정적으로 변한 것이 놀랍기만 합니다. 이 변화의 중심에 바로 가치체계의 변화가 있었습니다. 승진이를 만나면서 어려운 시간이 많았지만 서로에 대한 믿음이 가치의 변화를 이끌어냈습니다. 한 사람의 긍정적이고 극적인 변화를 곁에서 지켜보는 것은 매우 행복한 경험입니다. 문제가 많든 적든 간에 가치의 변화는 우리를 새로운 도전으로 이끌며 진정으로 자신을 변화시킵니다.

가치가 없다면 하지 않아도 좋다

어려울 때 도움을 주는 친구가 진짜 친구라는 말이 있습니다. 상황이 좋을 때는 아무 문제없이 잘 지낼 수 있습니다. 하지만 내가 곤경에 빠졌을 때 사람들은 달라집니다. 외면하는 사람도 있고 무시하는 사람도 있습니다. 진정한 친구는 이럴 때 우리에게 도움을 줍니다. 가치야말로 어려울 때 도움을 주는 친구와 같은 존재입니다. 어려울 때 용기를 잃지 않도록 힘을 주는 것은 지금 내가 하고 있는 일이 가치가 있다는 믿음입니다.

대부분의 사람들은 현재가 어렵고 힘들 것이라고 생각합니다. 비록 현재는 힘들지만 앞으로는 나아질 것이라는 생각을 가지고 살아가지요. 학생들의 생활이 그렇습니다. 때로는 공부가 재미있기도 하지만 몇 년 동안이나 최선을 다해 공부한다는 것은 쉬운 일이 아닙니다. 비록 지금은 좀 힘들지만 대학에 진학하고, 성인이 되면 보상받을 것이라는 기대 때문에 현재를 견디고 있는지도 모릅니다.

인간은 자신의 믿음을 지키고자 합니다. 때로는 자신의 믿음과 가치를 위해 목숨을 버리기도 하지요. 가치와 믿음은 사람을 움직이는 힘을 가지고 있습니다. 우리는 자신이 알든 모르든 간에 모두 나름의 가치체계를 가지고 있습니다. 주변을 돌아보면 사람들은 누구나 저마다의 일을 하고 있습니다. 세상에 쉬운 일은 별로 없습니다. 그럼에도 불구하고 각자의 위치에서 열심히 자신의 일을 합니다. 어머니는 집안일을 하고 아버지는 직장 생활을 합니다. 공부를 열심히 하는 친구들도 있습니다. 열심히 일하는 어른들은 일의 가치를 알고 우등생들은 공부의 가치를 아는 친구들입니다.

가치체계(value system)란 자신의 생활에서 무엇이 가장 중요하고, 왜 중요한지 결정하는 생각과 태도를 말합니다. 또 인생에서 선택의 기로에 서 있을 때 판단 기준이 됩니다. 여러 가지의 선택 앞에서 가치체계가 자연스럽게 우선순위를 정해줍니다. 여러분의 우선순위는 무엇인가요? 공부에 힘써야 할 청소년기는 인생에서 가장 많은 갈등을 겪는 시기이며, 두 가지 중에 한 가지를 선택해야 할 상황이 자주 생기기도 합니다. 그래서 청소년기의 가치체계가 중요하지요. 많은 학생들이 계획을 실천에 옮기지 못하고 중도에 포기하는 이유는 자신의 꿈과 목표가 가치 있는 것인지 아직 잘 모르기 때문입니다. 멋진 꿈을 가지고 훌륭한 목표를 정했다 해도 그것이 가치 있다는 확신이 없다면 최선을 다하기 어렵습니다. 특히 공부처럼 오랫동안 꾸준히 노력해야 하는 일이라면 더욱 그렇습니다.

공부를 하겠다고 마음을 굳게 먹었다가도 금세 이런저런 유혹에 흔들리기 마련입니다. 이 정도 공부했으면 적당하다며 합리화하기도 하고, 게임이나 인터넷의 유혹에 넘어가기도 합니다. 마음잡고 공부하고 있는데 열심히 하라는 부모의 얘기에 그만 마음이 상하기도 합니다. 자신을 견제하는 친구 때문에 신경이 쓰이고 놀자고 유혹하는 친구를 거절하기가 어렵습니다. 자신의 청춘을 재미도 없는 공부를 하면서 보내는 것이 아깝다는 생각이 들 수도 있습니다. 지금 정도의 실력이면 다른 친구들보다 앞서 있다는 자만심이 생길 수도 있습니다. 누구에게나 찾아오는 이런 유혹을 이겨내도록 도와주는 것이 바로 가치에 대한 믿음입니다.

공부에 대한 가치는 어떻게 생겨나는가?

인간은 특정한 가치를 미리 정하고 세상에 태어나지 않습니다. 가치는 철저하게 경험의 산물입니다. 세상을 살아가면서 겪는 많은 경험들이 쌓여 어떤 생각과 느낌이 만들어지지요. 이렇게 만들어진 생각과 느낌을 통해서 세상을 바라보는 기본적인 틀이 생기는데 그것을 '인식'이라고 합니다. 어떤 경험을 하느냐에 따라 부정적인 인식이 만들어질 수도 있고 긍정적인 인식이 만들어질 수도 있습니다. 인식은 사물을 바라보는 틀을 제공하므로 가치의 기초가 됩니다. 이렇게 가치는 자신도 모르게 마음속에 자리 잡게 됩니다.

공부에 대한 가치도 마찬가지입니다. 우리의 삶은 태어남과 동시에 공부의 연속입니다. 걸음마를 배우고 말을 배우며 '빨주노초파남보' 색깔을 배우지요. 아마 너무 어려서 기억이 나지 않는 것일지도 모르겠지만 어린 시절의 배움이 괴로웠다고 기억하는 학생은 없을 것입니다. 어린 시절의 공부는 대부분 놀이로 이루어져 있기 때문이지요.

하지만 나이를 먹을수록 공부는 더 이상 놀이에만 머물러 있지 않습니다. 때로는 여러분이 원하는 책이 아닌 부모가 원하는 책을 읽도록 강요받을 수도 있습니다. 놀이를 싫어하는 부모 때문에 일찍 일방적인 학습을 하게 될 수도 있습니다. 또 새로운 공부가 어렵게 느껴지는 시기도 찾아옵니다. 구구단을 처음 외울 때나 영어를 배우기 시작할 때 그렇지요. 이러한 어려움을 적절히 해결하지 못하고 넘어간다면 그때부터 공부를 두려워하고 어렵게 느끼게 됩니다. 이러한 경험들이 쌓이면서 여러분도 모르게 공부에 대한 부정적 인식과 가치가 만들어집니다.

공부에 대한 가치를 결정하는 데는 부모의 태도도 많은 영향을 줍니다. 아이들은 부모가 동의하는 행동과 그렇지 않은 행동을 구분해내는 능력을 가지고 있습니다. 예를 들어 아이가 그림을 그렸을 때는 관심이 없던 부모가 구구단 외우는 모습을 칭찬한다면 미술보다는 수학에 더 가치를 둔 아이로 자랄 가능성이 크겠지요. 하지만 아이와 부모와의 관계에 신뢰나 존경이 없을 때는 부모의 가치관이 제대로 전달되지 않거나 오히려 부작용이 생길 수도 있습니다.

무엇보다도 공부의 가치를 결정하는 가장 중요한 요인은 자신에 대한 가치입니다. 자신이 소중하고 가치 있다는 믿음을 가진 사람과 그렇지 못한 사람의 가치관은 차이가 날 수밖에 없습니다. 스스로에 대한 믿음이 없으면 모든 일을 의심하고 불안을 느끼기 쉽습니다. 당연히 자신감이 떨어지고 일의 효율성도 떨어지지요. 열심히 하고자 하는 동기가 생기기 어려우며 동기를 가지고 열심히 하더라도 불편한 상황이 되면 능력을 발휘하지 못합니다. 자신의 가치에 대한 불신은 '시험불안' 혹은 '무대불안' 같은 증상의 원인이 되기도 합니다. 하지만 많은 학생들이 이러한 문제가 스스로 자신의 가치를 낮게 평가하는 것이 원인이라는 사실을 모르고 있습니다.

1. 나는 내가 다른 사람들처럼 가치 있는 사람이라고 생각한다. ☐ ☐

2. 나는 좋은 성품을 가졌다고 생각한다. ☐ ☐

3. 나는 대체적으로 성공한 사람이라는 느낌이 든다. ☐ ☐

4. 나는 대부분의 사람들과 함께 일하는 데 문제가 없다. ☐ ☐

5. 나는 자랑할 것이 많다. ☐ ☐

6. 나는 자신에 대해 긍정적인 태도를 가지고 있다. ☐ ☐

7. 나는 자신에 대해 대체로 만족한다. ☐ ☐

8. 나는 자신을 충분히 존경하고 있다. ☐ ☐

9. 나는 내가 세상에 도움이 되는 사람이라고 생각한다. □ □

10. 나는 때때로 내가 좋은 사람이라고 생각한다. □ □

11. 나는 사랑받을 만한 사람이라고 생각한다. □ □

12. 나는 친구들로부터 인정받을 만한 사람이라고 생각한다. □ □

13. 나는 부모님으로부터 인정받을 만한 사람이라고 생각한다. □ □

14. 나의 미래는 희망적이며 기대할 만하다고 생각한다. □ □

※ '그렇다' 가 9개 이상이면 자기가치가 긍정적인 상태이고, 5~9개 사이는 보통이며, 5개 이하이면 자기
가치가 부정적인 상태에 있음을 의미한다.

자신이 쓸모없다는 믿음을 강하게 갖고 있는 친구들이 있습니다. 자라면서 주위로부터 인정이나 대접을 받지 못해서 그럴 수도 있고, 마음속에 좋지 않는 생각이나 욕구가 많아서 그럴 수도 있지요. 흔히 청소년기에는 이성이나 성에 대한 관심이 많아지는 시기이며 동시에 괜히 화가 많이 나는 시기이기도 합니다. 혹시 성적인 욕구를 강하게 느끼거나, 어떤 이유로 가족들에게 적대감을 가지면 자신의 생각이나 욕구에 부담을 느끼게 됩니다. 때론 죄의식이나 부끄러움을 느낄 수도 있습니다. 자연스럽게 생각한다면 문제가 덜 하겠지만 불편하게 생각할수록 통제가 어려워집니다.

그런데 공부에 대한 가치는 자신에 대한 가치와 관련이 많습니다. 자기 속에 있는 불편한 생각을 통제할 수 없다는 느낌이 들면 스스로를 쓸모없고 문제가 많은 사람으로 여기게 됩니다. 자연스럽게 자기가치를 떨어뜨리는 것이지요. '나쁜 생각을 가지고 있는 너는 벌을 받

아야 되고 잘되서는 안 돼!'라고 생각하게 됩니다. 이런 마음이 있으면 공부를 잘 하거나 성공하는 자신을 받아들이기 어렵습니다. 공부를 못 하고 시험을 못 보는 것이 차라리 편하게 느껴지지요. 문제는 이러한 생각들 대부분이 잠재의식이나 무의식 속에 있기 때문에 알아차리기 쉽지 않다는 것입니다. 이상하게 일이 잘 풀리지 않고 하는 일마다 잘 되지 않는다면, 혹시 자신을 벌주려는 마음이 숨어 있는 것은 아닌지 생각해보기 바랍니다.

때로는 자기 가치를 높게 평가하는 것처럼 보이지만 그것을 방패로 만 사용하는 것이 문제가 되기도 합니다. 스스로를 지키고 소중히 여 기려는 마음은 자연스러운 것입니다. 그런데 자신이 너무 소중하기 때 문에 약간의 상처도 용납할 수 없다는 생각을 가지고 있는 친구들이 있습니다. 겉으로는 자기 가치를 소중하게 여기고 자존심이 강한 사람 처럼 보이지만, 실제로는 자기 가치에 대한 믿음이 부족해 작은 상처 도 두렵고 불안해하는 친구들이지요. 두려움이 크다 보니까 객관적으 로 상황을 받아들이지 않고 자기방어에만 급급해지는 것입니다. 자기 방어적인 경향이 있으면 내가 잘하는 것은 가치 있는 것이며, 내가 잘 못하는 것은 가치가 없는 것이라고 생각하게 됩니다. 자기 가치를 불 신하고 있는 사람은 성적이 나빠 상처를 받게 되면 자신을 지키기 위 해 공부를 필요 없고 가치 없는 것으로 여기게 되지요.

공부의 진가를 발견하라

옛날 한 영국인이 아프리카를 방문했다가 한 가게에서 커다란 돌멩이를 발견했습니다. 영국인은 가게주인에게 어디서 난 돌멩이냐고 물었고, 주인은 아들이 강가에서 주워온 돌멩이라고 대답했지요. 이에 영국인은 내가 당신의 아들에게 선물을 하나 사줄 테니 그 돌멩이를 줄 수 없냐고 물었지요. 가게 주인은 어차피 짐이 되고 있었다며 돌멩이를 영국인에게 주었지요. 이 영국인은 자신의 나라로 돌아가서 그 돌멩이를 수백만 달러에 팔았습니다. 그것이 최상급 '다이아몬드 원석' 이었기 때문이었죠.

여러분에게 공부는 다이아몬드인가요? 아니면 강가를 굴러다니는 돌멩이인가요? 여러분이 공부에서 어떤 가치를 발견하느냐에 따라 그것은 수백만 달러의 값어치를 지니는 다이아몬드가 될 수도 있고 아무것도 아닌 돌멩이가 될 수도 있습니다. 그리고 공부를 다이아몬드처럼 가치 있는 것으로 여길 수 있다면 힘든 공부를 이겨낼 수 있는 힘이 되지요.

공부의 목표를 세웠더라도 공부에 가치를 부여하고 있지 않다면 작심삼일이 되기 쉽습니다. 클리닉을 찾아왔던 중학교 3학년 철민이도 성적을 올려야겠다고 마음을 먹고 평균 85점의 목표를 세웠습니다. 처음에는 열심히 공부했지요. 그런데 며칠이 지나자 공부가 잘되지 않았습니다. 공부에서 제대로 된 가치를 찾을 수 없었기 때문이었죠.

공부에는 어떤 가치가 있는가?

공부의 첫 번째 가치는 깨달음을 통한 성장입니다. 공자는 '學而時習之 不亦悅乎(학이시습지 불역열호)'라고 했습니다. '배우고 때로 익히면 기쁘지 아니한가!'라는 뜻이지요. 공부의 본질을 잘 표현한 말입니다. 공부하고 성장하는 것은 우리가 피할 수 없는 일이며 피해서도 안 됩니다. 비록 현실의 학교 공부가 이상적인 공부와 차이가 있고 왜곡된 부분도 있지만 그것 때문에 공부의 의미 자체가 부정 되어서는 안 됩니다. 사람을 사람답게 만드는 것은 배우고 성장하는 과정입니다. 부모들이 기를 쓰고 공부하라는 잔소리를 하는 것도 살아보니 공부가 소중하다는 것을 뼈저리게 느끼기 때문입니다.

공부의 두 번째 가치는 가능성의 문을 열어준다는 것입니다. 현재가 어렵더라도 미래의 목표가 있다면 현실을 살아갈 힘을 얻게 됩니다. 인간은 누구나 자기노력에 대한 보상을 받고 싶어 합니다. 우리가 그러한 능력을 키울 수 있는 방법은 공부밖에 없습니다. 공부를 통해서 많은 것을 알게 되면 세상을 보는 시각이 넓어지고 그만큼 선택의 폭도 넓어집니다. 여러분 중에는 아직 자신의 꿈을 찾지 못한 친구들도 있을 것입니다. 자신이 어떤 꿈을 갖게 될지 아직 모릅니다. 하지만 여러분이 꿈을 갖게 되었을 때, 공부를 하지 않아 가능성이 닫혀 있다면 어떨까요? 공부는 가능성의 문을 활짝 열어줍니다.

공부의 세 번째 가치는 능력을 준다는 것입니다. 세상을 살다 보면 현실을 파악하고 일을 계획하며 주어진 문제를 해결하는 능력이 필요합니다. 생각하고 말하며 판단하고 표현하는 것이야 말로 가장 기본적이고 필수적인 인간의 능력입니다. 우리가 이러한 능력을 키울 수 있는 방법은 공부밖에 없습니다. 학년이 올라갈수록 공부는 더 많은 생각을 요구합니다. 공부를 통해 생각하는 능력과 표현하는 능력, 상황을 이해하는 능력이 커지고 이는 종합적인 문제해결능력을 키워주지요. 또한 공부를 열심히 하는 과정에서 책임과 성실이라는 능력도 얻게 됩니다.

	그렇다	아니다
1. 공부가 인생의 전부 아니다.	☐	☐
2. 공부를 잘하기 위해서는 희생해야 할 것이 너무 많다.	☐	☐
3. 공부 잘하는 아이들은 성격이 좋지 않은 경우가 많다.	☐	☐
4. 공부 잘하는 것은 왠지 답답하게 느껴진다.	☐	☐
5. 학창시절에는 공부보다 더 중요한 것이 많다.	☐	☐
6. 공부 잘하는 아이들보다 성격 좋은 아이들이 인기가 더 많다.	☐	☐
7. 공부를 잘하면 고독하고 외로워질 수 있다.	☐	☐
8. 공부를 잘하려면 친구들과 지나치게 경쟁해야 한다.	☐	☐
9. 모질고 뻔뻔해야 공부를 잘할 수 있다.	☐	☐
10. 공부를 잘하면 나보다 부모가 더 좋아할 것이다.	☐	☐
11. 최고의 성적을 받는다고 인생에서 성공하는 것은 아니다.	☐	☐
12. 마음만 먹으면 성적을 올릴 수 있지만 그렇게 하고 싶지 않다.	☐	☐
13. 공부를 열심히 하다 보면 친구들에게 소홀해진다.	☐	☐

14. 지금 성적에 만족하면서 정신적으로 건강한 것이 좋다.　　□　　□

15. 성적이 오르면 성적 때문에 고민이 많아질 것이다.　　□　　□

16. 최고의 성적을 위해서는 운이 꽤 따라야 한다.　　□　　□

17. 성적이 올라가면 나는 건방지게 행동할지도 모른다.　　□　　□

※ '그렇다'가 8개 이상이면 부정적인 가치가 매우 높은 편이며, 3~8개이면 어느 정도 부정적인 가치에
　존재하고 있는 것이다.

가치체계에 문제가 있었던 친구들

이번에는 가치체계에 문제가 있었던 친구들의 이야기를 들려드리겠습니다.

5월의 어느 날, 중학교 2학년인 선주가 찾아왔습니다. 단정하고 귀여운 외모에 호감을 주는 여학생이었습니다. 어머니에 따르면 중학교 1학년 때까지는 공부도 열심히 하고 성적도 상위권이라고 했습니다. 그런데 1학년 말부터 친구들과 어울리며 노는 시간이 많아졌고 공부를 소홀히 하고 학원도 빠지는 등 그전과 다른 모습을 보였다고 했습니다. 자연히 성적은 떨어졌는데 지적을 해도 받아들이지 않고 오히려 화를 내곤 해서 부모와 사이가 나빠진 상태였지요.

"선주야 무슨 일이 있니?"

"공부가 싫어요. 놀고 싶어요."

"그랬구나. 그런데 왜 요즘 와서 그런 생각이 많아졌는지 궁금하구나?"

"친구들과 있는 것이 좋아요. 근데 엄마는 무조건 반대만 해요. 엄마와는 말이 통하지 않아요."

"친구들과 있는 것이 좋은가 보네?"

"혼자 있으면 심심하잖아요. 무섭기도 하고요. 어려서부터 혼자 있는 시간이 많았어요. 학교 갔다 오면 오빠는 학원가고 엄마는 일 때문에 바쁘고…. 주로 텔레비전을 보면서 지냈던 것 같아요."

선주는 중학교에 올라가면서 오빠 때문에 강북에서 강남으로 전학을 했습니다. 고등학생인 오빠에게 부모님의 관심이 집중되어 있다는 느낌을 가지고 있었는데, 이것은 초등학교 입학 전부터 시작되었습니다. 선주도 공부를 잘했지만 부모님께 오빠만큼 인정받지 못했지요. 안 그래도 외로웠던 선주는 전학을 하면서 더 긴장하고 외로움을 느끼게 됐습니다. 이런 상황에서 자신의 외로움을 채워줄 수 있는 존재가 친구였던 것이죠. 자연스럽게 선주는 공부보다 친구에 더 많은 가치를 두게 된 것입니다. 사교성이 좋은 선주는 친구들 사이에서 인기도 있었습니다. 공부를 통해서는 느낄 수 없었던 존재감을 친구들을 통해 느꼈던 것이지요.

친구들에게 집중되었던 선주의 관심이 공부로 옮겨올 수 있었던 것은 자신의 가치를 재발견했기 때문입니다. 친구도 소중하지만 그보다는 자신에 대한 소중함과 믿음이 중요하다는 것을 서서히 깨달았지요.

그 결과 선주는 마음으로 공부를 받아들일 수 있게 되었고 2학년 1학기 말 시험에서 좋은 성적을 얻을 수 있었습니다. 사실 성적의 변화보다 더 중요한 것은 자기 가치의 변화였으며 친구관계도 더 좋아졌지요.

강남의 상위권 고등학교에서 좋은 성적을 유지하던 형민이가 찾아왔습니다. 고등학교 3학년이 되면서 스트레스가 많고 공부가 잘 안 된다는 것이 이유였지요.

"저는 친구들과 모두 친하게 지내고 싶어요. 그런데 시험을 잘 보면 불안해요. 본의 아니게 나 때문에 피해 받는 친구들이 생기잖아요. 아이들도 나를 견제하고 나도 모르게 우월감을 느끼게 되요."

처음에 형민이를 만났을 때는 고3 스트레스가 원인이라고 생각했지만 여러 차례 상담을 하면서 형민이의 가치체계에 문제가 있음을 알게 되었습니다. 형민이는 공부를 잘하면 불편하고 때로는 친구들에게 죄의식을 느낄 정도였지요. 공부 때문에 친구관계가 틀어질 수 있다고 생각한 것입니다. 그런데 형민이의 이러한 두려움 이면에는 자신의 성적이 떨어졌을 때 친구에게서 받았던 상처가 있었습니다. 잘난 척 하는 친구 때문에 자존감이 상하고 열등감을 느꼈던 것이지요. 당시에 자존심에 상처를 입은 것이 회복되지 않은 채 마음속에 남아 있으면서 경쟁과 공부의 가치를 부정적으로 인식한 것입니다. 또한 형민이가 친구들의 감정을 염려하면서까지 자존감이 상했던 경험에 집착한 이유는 자신의 가치에 대한 회의와 불안이 컸기 때문입니다.

형민이는 기본적으로 지적 능력이 뛰어났고 타인을 이해하려는 착한 심성을 가지고 있었습니다. 필자와의 대화에서도 금세 자신에 대해 이해하게 됐지요. 자신을 이해하면서 마음의 여유가 생기자 불안 없이 공부에 집중할 수 있게 되었습니다. 성적도 많이 올랐고요. 몇 개월 후 형민이가 필자에게 한 말이 깊은 인상을 남겼습니다.

"불쾌했던 것뿐인데 너무 불행하게 받아들였던 것 같아요."

부정적 가치는 버리고 긍정적 가치만을 선택하라

가치는 경험의 산물이라고 했습니다. 우리가 어떤 경험을 하면 부정적 혹은 긍정적인 느낌이 형성되고 이러한 느낌들이 쌓여서 굳어집니다. 이렇게 가치가 만들어지고 믿음과 신념이 형성되는 것이지요. 내가 어떤 가치를 믿게 되었다면 그것을 믿을 만한 경험을 했기 때문입니다. 따라서 부정적인 가치를 없애려면 자신이 과거에 어떤 경험을 통해 그러한 가치를 만들었는지 생각해봐야 합니다. 여러분이 공부에 대해 부정적인 가치를 가지고 있다면 언제부터 그런 가치를가 생겼는지 편안한 마음으로 떠올려보세요. 부정적 가치를 만든 경험이 무엇인지 알 수 있다면 긍정적인 가치를 만들기 위해 어떤 경험을 해야 할지도 알 수 있을 테니까요.

여러분 중에는 부정적인 가치가 너무 깊어 공부와 관련된 긍정적인 경험 따위는 없다고 생각하는 사람도 있을 것입니다. 물론 기존의 가치를 버리는 일은 쉬운 일이 아닙니다. 여러분이 기존의 가치를 버릴 수 없는 이유는 잘못된 가치라 하더라도 그 나름의 기능을 해왔기 때문입니다. 부정적인 가치는 자신의 자존심을 지켜줍니다. 또한 화남과 섭섭함을 풀 수 있도록 도와주지요. 사람들은 다양한 부정적인 생각 그리고 그 뿌리가 되는 부정적인 시각과 신념을 가지고 있습니다. 그러나 자신이 무의식중에 하는 생각들이 정말로 타당한 것인지는 크게 고민하지 않지요.

그동안의 시간을 부정하는 것은 어려운 일입니다. 두렵기도 한 일입니다. 그래서 진정한 용기가 필요한 일입니다. 하지만 기억하세요. 여러분 주변에는 공부에 대해 긍정적인 가치를 가지고 있는 친구들이 있습니다. 그것은 공부와 관련한 긍정적인 경험이 있다는 뜻입니다.

여러분이 어떤 경험을 하게 되는가는 통제할 수 없는 것이 아닙니다. 그것은 선택입니다. 어린 시절의 경험은 선택할 수 없었을지 모르지만 지금의 여러분은 자신의 경험을 선택할 수 있습니다. 공부에 대한 부정적인 가치를 그대로 지니고 있기로 선택할 수도 있고, 긍정적인 경험을 통해 긍정적인 가치를 갖기로 선택할 수도 있습니다. 주변에 공부를 잘하고 즐겁게 하는 친구가 있다면 한번 물어보세요. '어떤 경험을 통해 공부를 좋아하게 됐는지?' 그리고 여러분도 같은 경험을 하기 위해 노력해보세요. 선택은 여러분의 몫입니다.

공부에 대한 이중잣대

우리는 지금까지 공부에 대한 부정적인 가치를 없애고 긍정적인 가치를 갖는 방법에 대해 이야기했습니다. 그런데 혹시 둘 다 가지고 있다면 어떨까요? 겉으로는 어떤 것이 좋다고 얘기하지만 속으로는 정반대의 생각을 가지고 있다면? 대표적으로 돈에 대한 가치를 들 수 있습니다. 대부분 돈이 중요하고 살아가는 데 필요하다고 말하지만 마음속으로는 부자를 경멸하기도 하지요. 이런 마음을 갖고 있다면 절대로 많은 돈을 벌 수 없습니다. 마찬가지로 자기 마음속에 공부에 대한 애매하고도 이중적인 생각은 없는지, 공부에 대한 나의 진짜 생각은 무엇인지에 대해 곰곰이 생각해보기 바랍니다.

공부의 중요성을 인정하면서도 공부 잘하는 친구들을 싫어하거나 공부에 대한 조언을 무시하는 마음이 있지는 않은지요? 자신은 공부에 대해 긍정적인 가치를 갖고 있다고 생각하지만 실제로는 그렇지 않은 경우가 있습니다. 공부는 쓸데없는 것이라는 생각이 조금이라도 있다면 성적을 올리기 어렵습니다. 자신의 속마음을 이해하고 마음속의 또 다른 자신을 먼저 설득할 수 있어야 합니다. 이렇게 마음속 깊은 곳에 공부와 연관된 공격성이 자리 잡고 있는 경우, 부모나 사회에 대한 무의식적인 적대감이 원인일 수 있습니다. 또한 너무 낙천적이거나 지나치게 유아적인 것도 원인일 수 있습니다. 그럴 경우 전문가의 도움을 받아야 합니다.

감정에 따라
공부의 효율이 달라진다

감정이 공부에 왜 중요할까?

이집트 나일강에 사는 악어가 사람을 잡어 먹을 때 눈물을 흘린다는 고대의 전설이 있습니다. 여러분도 아마 '악어의 눈물'이라는 말을 들어봤을 것입니다. 그런데 실제로 악어가 눈물을 흘리는 이유는 사람을 잡아먹은 것이 미안하거나 슬프기 때문이 아니라고 합니다. 눈물샘의 신경과 입을 움직이는 신경이 같아서 먹이를 삼키기 좋게 수분을 보충하는 것이지요. 그래서 '악어의 눈물'이라는 말은 거짓된 눈물이나 위선적인 행동을 나타내는 말로 쓰입니다. 악어뿐만 아니라 실제로 눈물을 흘리는 동물은 많지만 슬픔 때문에 눈물을 흘리는 동물은 인간뿐입니다. 감정이란 인간만이 지닌 고유한 특성이지요.

우리는 자신만의 생각을 갖고 이성적 판단을 하기 위해 애씁니다.

하지만 실제로는 이성보다 감정에 따라 행동하는 경우가 더 많지요. 우리가 의식하지 못하는 사이에 감정의 지배를 받습니다. 문제는 감정에는 재미와 감동 같은 긍정적인 것도 있지만 분노나 우울 같은 불편한 감정도 있다는 데 있습니다. 그리고 이렇게 불편한 감정을 처리하기 위해 소위 '감정노동'을 해야 한다는 것이 문제이지요. 늘 상냥한 얼굴로 고객들을 상대하는 서비스 업종에 종사하는 사람들에게 우울증이 더 많은 것도 이 때문입니다.

공부를 할 때도 마찬가지입니다. 우리가 불편한 감정 때문에 에너지를 너무 많이 사용하면 공부에 쏟아야 하는 에너지를 빼앗기게 됩니다. 지금까지 살펴본 동기와 목표, 가치체계가 단단하게 잡혀 있다고 할지라도 불편한 감정이 있으면 동기든 목표든 제 힘을 발휘하지 못합니다. 필자도 여러분 나이에 감정 때문에 공부가 힘들었던 적이 있었습니다.

고등학교 1학년 겨울방학 때였습니다. 공부를 열심히 하겠다는 다짐을 하고 새벽에 도서관으로 향했지요. 새벽에도 사람이 많아서 밖에서 1시간이나 기다려 자리를 잡았습니다. 그렇게 자리에 앉았는데 갑자기 이상한 기분이 들었습니다. '새벽부터 내가 뭘 하고 있는 걸까?' '아직 들어오지 못한 친구들은 춥지 않을까?' 결국 한 시간도 되지 않아 집으로 돌아왔지요. 당시 저는 나름대로 공부에 대한 동기와 목표를 가지고 있었기 때문에 더욱 혼란스러웠습니다.

지금 생각해보면 감정에 문제가 있었던 것이었습니다. 2학년을 앞두고 문과와 이과 중 하나를 선택해야 하는 문제로 불안했던 것이지요. 마음속에 불안이 있었지만 그냥 무시하면서 열심히만 하려고 애쓰다가 생긴 일이었습니다. 이후에도 비슷한 경험이 몇 차례 있었지요. 하지만 친구들과 함께 불안함에 대해 이야기하면서 감정을 잘 다스릴 수 있었습니다.

이상적인 감정 상태 만들기

저는 예전에 고등학교 3학년 교실을 방문한 경험이 있었습니다. 꽤 인상적인 경험이었죠. 한 여학생이 있었는데 의자에 자리를 잡을 때까지 5분은 걸리더군요. 방석을 두들기고, 책상과 배꼽 사이의 간격을 20cm로 맞추고 난리였습니다. 공부하기 가장 편한 자세를 잡기 위한 것이었죠. 다른 학생들의 책상을 둘러보니 각자 나름대로 가장 편한 책상과 의자를 만들기 위한 장치(?)를 갖고 있었습니다. 가장 집중해서 공부해야 하고 학습량도 많은 고등학교 3학년 학생들은 공부를 위해 이렇게 사소한 것까지 신경 씁니다. 허리가 조금이라도 불편한 것은 용납할 수 없다는 굳건한 태도이지요. 그런데 허리가 아니라 감정이 불편하다면 어떻게 해야 할까요?

안타까운 것은 공부를 잘하기 위해 방석을 3분이나 매만지는 학생들이 자신의 감정에는 그렇게 공을 들이지 않는다는 것입니다. 공부할 때의 감정 상태에 따라 공부의 효율이 달라지는데도 말이지요. 그럼 어떤 감정을 가져야 공부가 잘될까요? 여기서 공부가 잘되는 감정 상태가 어떤 것인지 소개할까 합니다.

첫 번째는 즐거움입니다. 《칭찬은 고래도 춤추게 한다》라는 책을 알고 있지요? 여러분도 아마 부모님이나 선생님에서 칭찬을 받고나서 더 열심히 하고 싶고 또 실제로 열심히 하게 된 경험이 있을 것입니다. 칭찬은 고래도 춤추게 할 정도로 사람의 마음에 즐거움을 가져다주지요. 물론 공부 자체에 재미를 느낀다면 금상첨화일 것입니다. 즐거운 것은 누가 시키지 않더라도 알아서 하기 때문이지요. 한때 '피할 수 없다면 즐겨라'는 광고 문안이 유행했던 적이 있습니다. 어차피 해야 하고 피할 수 없는 공부라면 맘껏 즐겨보겠다는 마음을 가져보는 것은 어떨까요?

두 번째로 차분하고 고요한 감정입니다. 정서적으로 차분하고 고요한 상태일 때 집중력을 높여주는 뇌파가 가장 잘 나옵니다. 더 쉽게, 더 오래 집중할 수 있는 것이지요. 차분하고 고요한 상태를 유지하려면 쉬는 시간의 활용이 중요합니다. 쉬는 시간이라고 해서 게임이나 인터넷 같은 지나치게 자극적인 휴식을 취하는 것은 좋지 않습니다. 자극을 받은 상태에서 다시 고요한 상태로 돌아가는 데 너무 오랜 시간이 걸리기 때문이지요. 또 쉬는 시간이 끝나서 게임을 그만 두고 다시 책상으로 돌아가야 할 때 여러분의 감정 상태를 생각해보세요. 십중팔구 '아, 게임 더 하고 싶다. 공부하기 싫어'일 것입니다. 휴식이 끝났을 때 여러분의 감정 상태는 차분함이 아니라 짜증이 되겠죠.

마음을 호수에 비유한다면 감정 상태는 호수의 표면이라고 할 수 있습니다. 바람이 심하게 불어 파도가 생기고 호수의 표면이 요동을 친다면 차분하게 집중하기 어려울 것입니다. 맑고 고요하며 평온한 호수처럼 차분하고 고요한 감정 상태를 유지할 수 있다면 공부를 시작하기가 쉽고 오랫동안 집중력을 유지할 수 있습니다.

세 번째로 불편한 감정 다스리기입니다. 작고 사소한 마음이라도 여러분의 공부에 영향을 미칠 수 있습니다. 가장 편한 공부 자세를 위해 방석을 3분 동안 만지던 학생처럼 여러분도 공부를 시작하기 전에 감정을 매만져주세요. 예를 들어 아침에 엄마에게 짜증낸 일이 신경 쓰인다면, '집에 가서 엄마에게 미안하다고 해야지' 라고 스스로에게 되뇌어보세요. 아직 엄마에게 사과한 것은 아니지만 불편한 감정이 어느 정도 사라질 것입니다.

시험 스트레스는 어디서 오는가?

여러분 '무통증' 이라는 병을 알고 있나요? 피부와 뇌 사이의 연결이 끊어져서 생기는 병으로 통증뿐만 아니라 온도도 느낄 수 없는 병을 말합니다. '통증을 느끼지 못하니 아플 일이 없어 좋겠다' 라고 생각할지도 모르지만 실제로 이 병을 가진 사람들의 삶은 고통으로 가득 차 있습니다. 통증을 느낄 수 없기 때문에 다치거나 병이 생겨도 모르고 지나치기 쉬워서 다른 평범한 사람들보다 오래 살지 못한답니다. '신이 인간에게 고통을 준 데는 이유가 있다'는 한 철학자의 말이 생각나는군요.

불안도 마찬가지입니다. 긍정적인 감정은 아니지만 적당한 불안은 위험에 대비하도록 도와주지요. 공부할 때도 약간의 불안은 긴장감을 유지시켜줍니다. 문제는 불안이 과도할 때 생깁니다. 공부와 관련해서는 시험 스트레스가 대표적이지요. 시험 스트레스 증상이 없는 학생들도 시험을 앞두면 초조해합니다. 하지만 일단 시험이 시작되면 시험에 집중하지요. 반면 시험 스트레스가 있는 학생들의 경우 시험이 시작되어도 불안이 사라지지 않고 더 심해집니다. 시험을 지나치게 위험하거나 부담을 주는 자극으로 인식하면 교감신경계가 지나치게 흥분하게 되지요. 그러면 스트레스 호르몬이 과다 분비되어 뇌를 공격하게 됩니다. 시험 스트레스의 대표적인 증상들은 아래와 같습니다. 여러분도 해당사항이 없는지 한번 살펴보기 바랍니다.

나는 얼마나 시험 스트레스에 민감하게 반응하는가?	그렇다	아니다
1. 시험이 다가오면 나쁜 성적을 받은 나의 모습이 떠오른다.	☐	☐
2. 시험 볼 때 자각할 정도의 심한 불안을 느낀다.	☐	☐
3. 시험 볼 때 가슴이 심하게 뛴다.	☐	☐
4. 시험 볼 때 손발에 땀이 난다.	☐	☐
5. 시험 볼 때 손이 떨린다.	☐	☐

6. 시험 볼 때 화장실에 가고 싶은 기분이 든다. □ □

7. 시험 보는 중에 교실이 너무 시끄럽게 느껴진다. □ □

8. 시험 볼 때 소화가 안 되고 복통이나 설사를 한다. □ □

9. 시험 볼 때 마치 시끄러운 장소에 와 있는 느낌이 든다. □ □

10. 시험지를 받으면 머릿속이 하얗게 되는 느낌이 든다. □ □

11. 시험 볼 때 평소에 알던 내용이 생각이 나지 않는다. □ □

12. 시험이 끝나면 생각나지 않았던 것이 떠오른다. □ □

※ '그렇다' 가 4개 이상이면 약한 시험 불안이 의심되며, 6개 이상이면 실제 시험에 지장을 많이 받는 상태
　　로 상담이 필요하다.

　시험 스트레스를 심하게 겪는 친구들은 몇 가지 심리적인 특성을 가지고 있는데 첫 번째는 지나친 완벽주의입니다. 매사에 완벽하고 실수가 없어야 한다는 생각을 가지고 있지요. 그러나 마음속 깊이 자신에 대한 불신과 열등감을 가지고 있는 경우가 많습니다.

　두 번째는 실패에 대한 잘못된 개념입니다. 한번 실패하면 계속 실패할 거라고, 실패하면 큰일 난다고 생각하지요. 그러나 실패는 돌아오지 못할 다리를 건너는 것이 아닙니다. 배움은 과정일 뿐입니다. 시험 스트레스를 가지고 있는 친구들은 하나의 경험이 모든 것인 양 과대 해석하는 경향이 있습니다. 우리는 실패를 통해서 배워야 합니다. 또한 성공과 실패보다 중요한 것은 경험 그 자체라는 것을 잊지 말아야 합니다.

　세 번째는 타인의 시선에 지나치게 신경을 쓰는 것입니다. 인정받지

못하는 것에 대한 두려움이 커서 부모님이나 선생님의 기대에 민감합니다. 시험을 잘 못 보거나 좋은 대학에 가지 못하면 집안의 망신이라고 생각하는 거죠. 시험결과를 다른 사람이 어떻게 생각할까 고민하면서 더욱 불안을 느낍니다. 축구선수가 운동장에서 경기보다 관중의 반응에 더 신경 쓴다면 집중력은 떨어지고 경기결과는 나쁠 수밖에 없겠지요. 보다 본질적인 것이 무엇인지를 생각해보기 바랍니다.

네 번째로 합리적인 생각보다는 자신의 막연한 느낌을 믿는 경향이 강한 것입니다. 과거에 시험을 잘 봤던 기억은 잊어버리고 몇 번의 실수만 기억합니다. 친한 친구가 시험을 잘 봤다면 다른 사람들도 모두 시험을 잘 봤고 망친 사람은 자신뿐이라고 생각하기도 합니다. 얼핏 보면 그럴 듯한 얘기지만 찬찬히 살펴보면 부분적인 사실을 확대 해석하거나 근거 없는 지레짐작인 경우가 많습니다.

재수를 하고 있는 진호가 클리닉을 찾아왔습니다. 고교시절 상위권 성적을 유지하던 진호는 실전에 약해서 시험만 보면 아는 것도 생각나지 않아 자신의 실력을 충분히 발휘하지 못한다고 했습니다. 결정적으로 작년 수능시험 때 지나치게 긴장하여 모의고사 때보다 50점 이상 점수가 낮게 나왔지요. "나중에 틀린 문제를 풀어보니 얼마든지 풀 수 있는 문제였더라고요. 이제는 학원에서 모의고사를 볼 때마다 불안하고 초조해서 공부가 안 돼요."

진호의 경우 시험에 대한 과도한 부담을 가지고 있는데다 과거 부정적인 경험들에 압도되어 자신감이 많이 떨어져 있었습니다. 스트레스에 시달리고 있다는 것은 자율신경 검사에서도 확인되었지요. 정상이라면 교감신경과 부교감신경이 60:40 혹은 50:50로 균형을 이루는데 진호의 교감신경과 부교감신경의 비율은 85:15로 매우 불균형한 상태였습니다. 평균 심박수도 100회가 넘는 상태였지요. 또한 뇌가 느끼는 부담도 62%로 평균치인 50%를 초과했습니다. 시험이 시작되면 불균형이 더욱 심해질 것이 확실했지요.

진호는 상담을 통해 시험 볼 때의 생각과 기분을 털어놓으면서 자연스럽게 자신의 강박관념을 알 수 있었습니다. 상담과 함께 강박관념 교정을 위한 인지치료와 이완 호흡법을 병행하면서 시험 스트레스 증상이 눈에 띠게 줄어들었지요. 이후 몇 차례의 모의고사를 편안한 상태로 치를 수 있게 되었고, 수능시험에서도 자신의 실력을 발휘해 원하는 대학에 갈 수 있었습니다.

시험 스트레스를 극복하라

시험 스트레스는 불안이라는 감정의 문제이지만 그것을 극복하기 위해서는 먼저 '생각'의 문제를 해결해야 합니다. 무슨 말이냐고요? 감정은 생각의 지배를 받기 때문입니다. 시험 스트레스를 겪는 친구들은 대부분 시험에 대한 심한 불안감을 호소하며 가슴 두근거림, 땀 흘림,

복통 등의 신체적 증상을 가지고 있습니다. 이 모든 원인은 불안이라는 감정에 있는 것처럼 보이기도 합니다. 하지만 원인을 찾아 들어가 보면 진짜 원인은 불안을 만들어내는 어떤 생각에 있음을 알게 됩니다. 자신도 모르게 시험에 대해 가지고 있는 여러 생각들이 불안이라는 감정을 자극해 스트레스로 인식되는 것이죠.

눈사태가 나면 산 아래는 엄청난 양의 눈에 파묻히게 되지만 사실 눈사태는 아주 작은 눈 덩어리로 시작됩니다. 아주 작은 눈덩어리에 해당하는 것이 바로 시험에 대한 근원적인 생각입니다. 그런데 그러한 생각은 자신도 모르게 자동적으로 생겨나므로 '자동적 생각(automatic thought)'이라고 하지요. 만약 불안을 느꼈다면 불안을 느낄 만한 어떤 생각이 먼저 지나갔다는 뜻입니다. 시작은 작은 생각이었지만 불안과 스트레스가 심해지면 감정반응이 격해지고 처음의 생각은 잊어버리게 됩니다. 그리고 그 과정이 반복됩니다. 생각이 감정을 지배한다는 것을 잊지 말기 바랍니다.

시험 스트레스는 시험에 대한 비합리적인 생각이 감정을 자극하여 생깁니다. 또한 과거 몇 차례의 부정적인 경험에 지배받아서 생깁니다. 시험 스트레스를 극복하기 위해서는 먼저 불안을 만들어내는 비합리적 생각을 합리적인 생각으로 변화시켜야 합니다. 비합리적인 생각에는 확대해석, 흑백논리, 지레짐작하기, 자기비하적 사고 등이 있습니다.

그렇다고 모든 상황을 긍정적으로 보라는 뜻은 아닙니다. 애써 긍정적으로 생각하자는 것이 아니라 사실대로, 있는 그대로 생각하자는 것입니다. 눈에 보이는 것 이상을 보려고 노력할 필요는 없습니다. 불안한 생각을 만드는 습관을 가지고 있다면 자신의 생각을 점검하고 바꾸려는 꾸준한 훈련이 필요합니다.

- **앞으로 계속 시험을 망치게 될 거야.**

  미래는 알 수 없어, 한 번의 시험을 잘 못 봤을 뿐이야!

- **시험을 못 보면 주위에서 엄청 실망할 거야.**

  시험 결과보다 시험 준비과정이나 시험 후의 태도가 더 중요해!

- **대학 떨어지면 집안 망신이야.**

  집안 문제와 내 문제는 별개야!

- **다른 사람들 모두 잘 봤을 거야.**

  다른 사람들이 얼마나 잘 봤는지는 확인하기 전엔 알 수 없어!

- **명문대가 아니면 다 삼류대학일 뿐이야.**

  각 대학별로 특성이 있고 나름의 장점을 살리면 얼마든지 발전할 수 있어!

- **대학에 떨어지면 인생에 실패한 거야.**

  인생에서 작은 시련을 겪고 있을 뿐이야, 전화위복이 될지 누가 알아!

- **난 역시 이런 인간밖에 안 돼!**

  시험을 잘 보지 못한 이유를 찾아서 고치면 되는 거야!

시험 스트레스를 극복하는 두 번째 방법은 현재에 집중하는 것입니다. 이승엽이나 타이거 우즈와 같은 유명한 선수들은 승부의 순간에 어떤 생각을 할까요? 아무런 잡념 없이 공에만 몰입한다고 합니다. 마찬가지로 시험문제를 제외한 다른 생각들, 시험의 결과나 다른 사람의 반응 혹은 과거의 경험들로 머릿속이 복잡하다면 집중력이 분산되고 불안이 심해질 수밖에 없지요. 그러므로 매순간 철저히 문제에만 집중하려는 마음을 가지고 그것을 연습해야 합니다.

세 번째는 긴장을 적절하게 조절하는 방법을 배우는 것입니다. 복식호흡이나 근육이완법이 대표적인 방법입니다. 처음에는 익숙하지 않겠지만 매일 연습하다 보면 지나친 긴장감을 조절하는 데 큰 효과를 볼 수 있습니다. 또한 집중력을 높여주는 부수적인 효과도 있습니다. 만약 복식호흡 등으로도 조절이 힘들다면 교감신경의 활성도를 떨어뜨리는 약물치료를 받는 것도 하나의 방법이 될 수 있습니다. 뇌의 인지적 기능에는 영향을 주지 않고 긴장과 불안만 떨어뜨리는 약물치료는 시험 스트레스를 극복하고 자신의 실력을 있는 그대로 발휘하는 데 큰 도움을 줍니다.

불안이라는 것은 상당히 주관적인 감정입니다. 눈이 오면 아이들은 신나서 뛰어다니지만 어른들은 질척해지는 길을 떠올리며 인상을 쓰는 것처럼 말이지요. 여러분은 시험을 어떤 시선으로 바라보고 있나요? 너무 과도한 의미부여를 하고 있는 것은 아닌가요? 혹시 부모나 선생님에 지나치게 신경 쓰고 있는 것은 아닌가요? 모든 것은 변화하며 선택에 따라 결과는 달라집니다. 결과를 위해 내가 해야 하는 일은 결과를 예상하며 두려워하는 것이 아니라 매 순간 최선의 선택을 하는 것입니다. 불안해하지 않는 것을 선택하세요.

복식호흡

스트레스를 받으면 긴장하게 만드는 신경(교감신경)이 흥분하게 되고, 뇌는 생각과 판단보다는 감정을 느끼고 행동하는 쪽에 집중하게 됩니다. 불안, 심장박동 증가, 손 떨림, 땀 흘림, 복통, 화장실에 가고 싶은 느낌 같은 시험 스트레스 증상이 나타나는 것이지요. 차분하게 시험을 봐야 한다는 것을 알고 있지만 감정적인 반응이 격해지면 당황해서 증상은 더 심해질 뿐입니다.

복식호흡은 교감신경의 활동을 진정시키고 심신을 이완하며 흐트러진 집중력을 다스리는 효과가 있습니다. 또한 피곤하고 지친 뇌의 회복을 돕는 효과도 있지요. 한번에 5~10분 정도씩 하루 2번 정도 하게 되면 많은 도움이 됩니다. 복식호흡의 방법은 다음과 같습니다.

1. 편안한 자세로 천천히 숨을 쉽니다.
2. 복부 근육으로 호흡을 합니다. 배에 풍선이 들어 있다는 상상을 하면서 들이마실 때는 풍선이 부풀어 오르고 내쉴 때는 풍선의 바람이 빠지는 것을 상상합니다.
3. 천천히 숨을 들이 마시고 천천히 숨을 내뱉습니다. 들이 마시는 것보다 내뱉는 숨을 길게 합니다.
4. 숨을 쉴 때는 숨을 쉬는 순간의 느낌에 생각을 집중합니다. 들이마

실 때는 코와 기도를 통해 공기가 지나가는 느낌과 복부가 커지는 느낌에 집중합니다. 마찬가지로 숨을 내쉴 때는 공기가 나가는 흐름과 복부가 줄어드는 것을 느낍니다.

점진적 근육 이완법

점진적 근육이완법은 미국의 정신과 의사 제이코슨*Jacoson*이 개발한 것으로 매우 효과적인 긴장이완법입니다. 신체 주요근육의 긴장을 줄이고 몸에서 생기는 변화에 집중할 수 있게 해줍니다. 처음에는 한 번 하는데 20~30분 정도의 시간이 필요합니다. 인내를 가지고 하루에 한 번씩 꾸준히 하다 보면 불안과 긴장을 다스리는 데 큰 효과가 있습니다. 훈련을 하는 동안 신체 각 부위의 감각에 정신을 집중하는 것이 중요합니다. 훈련을 하는 도중 잡념이 떠오르면 그냥 스쳐지나가도록 내버려둡니다. 구체적인 훈련방법은 다음과 같습니다.

편안한 자세로 누워 눈을 감고 숨을 깊이 쉽니다. 이제 몸의 각 부위별로 5~7초간 긴장한 후 편안하게 몸을 이완합니다. 긴장상태와 이완상태의 느낌을 비교하며 느껴보세요.

1. 손 : 주먹을 꼭 쥐어 힘을 주고 약 5~6초간 긴장한 후 이완을 느낍니다.
2. 팔 : 팔을 들어 굽힌 다음 5~6초간 힘을 준 후 이완을 느낍니다.
3. 발 : 발을 들어 발끝을 쭉 뻗습니다. 발과 다리의 근육에 힘이 들어가

고 긴장된 것을 5~6초간 느낍니다. 이제 편안하게 풀고 이완을 느낍니다.

4. 다리 : 두 다리를 모아들고 허벅지 근육을 5~6초간 긴장한 후 이완을 느낍니다.

5. 배 : 아랫배에 힘을 주고 5~6초간 긴장한 후 이완을 느낍니다.

6. 가슴 : 깊이 숨을 들이쉰 다음 6~7초간 숨을 멈추고 긴장한 후 숨을 내쉬면서 편안하게 이완을 느낍니다.

7. 어깨 : 어깨에 힘을 주어 최대한 위로 올린 다음 5~6초간 기다린 후 이완을 느낍니다.

8. 목 : 턱을 조금 당기고 목 뒤를 지그시 누르듯 목에 5~6초간 힘을 준 후 이완을 느낍니다.

9. 이마 : 눈썹을 위쪽으로 해서 이마에 큰 주름을 만들고 5~6초간 기다립니다. 이마의 근육을 풀고 이완을 느낍니다.

이제 편안한 상태가 되었을 것입니다. 따뜻한 햇살을 받으며 바닷가 모래밭에 누워 있는 자신을 상상하세요. 부드럽고 따뜻한 모래가 느껴집니다. 파도소리가 들리고 파도가 밀려왔다가 부서집니다. 따뜻한 햇볕과 부드러운 바닷바람을 느껴지면 나는 편안하고 상쾌합니다.

우울하다고 느낄 땐 어떻게 해야 하지?

요즘 사람들은 '우울하다'라는 말을 입에 달고 삽니다. 특히 청소년기에는 감정의 기복이 심해 우울함을 자주 느낄 수 있지요. 대부분은 일시적인 우울함이지만 경우에 따라 우울증으로 진행되기도 합니다. 청소년기에 흔히 나타나는 우울증은 학습과 자기성장에 매우 부정적인 영향을 주지만 적절히 치료하면 오히려 전화위복의 계기가 될 수 있습니다. 특별한 이유 없이 의욕이 떨어지고 학습동기가 저하되는 경우 한번쯤 우울증이 아닌지 점검해봐야 합니다.

우울하다고 할 때 보통 슬픔을 떠올리게 되고, 우울증 하면 마음이 슬프고 눈물이 나는 상태라고 생각하는 사람들이 많습니다. 그렇지만 병으로서의 우울증은 슬프다기보다는 '삶의 에너지가 떨어진 상태'를 의미합니다. 특히 청소년들의 경우 자신의 감정을 이해하는 데 서투르며 말로 그것을 표현하지 못하는 경향이 있습니다. 그래서 우울증 증상이 우울함보다는 짜증이나 신경질적 반응, 집중력과 학습능력의 저하, 두통과 같은 신체적 증상, 게임중독이나 등교거부와 같은 반항적 행동으로 나타나는 경우가 많습니다. 이렇게 우울증이 눈에 띄지 않고 서서히 진행되면 적절한 치료기회를 놓칠 수 있으므로 특별히 주의를 기울여야 합니다.

	그렇다	아니다
1. 외로움을 자주 느낀다.	☐	☐
2. 말하기 싫고 혼자 있고 싶은 기분이 든다.	☐	☐
3. 매사에 귀찮을 때가 많다.	☐	☐
4. 무기력하고 잠이 많아졌다.	☐	☐
5. 책을 볼 때 멍하고 집중이 잘 되지 않는다.	☐	☐
6. 특별한 이상 없이 복통이나 두통을 자주 느낀다.	☐	☐
7. 게임을 하고 싶은 욕구가 강해지고 조절하기가 어렵다.	☐	☐
8. 사소한 일에도 괜히 짜증이 난다.	☐	☐
9. 부모나 선생님이 시키는 일에 괜히 거부감이 든다.	☐	☐
10. 친구들이나 가족들과 자주 다투게 된다.	☐	☐
11. 평소 하지 않던 거짓말을 자주 한다.	☐	☐
12. 학교에 가기 싫은 마음이 든다.	☐	☐

※ '그렇다'가 3개 이상이면 약한 우울증이 의심되며, 5개 이상이면 상담이 필요한 상태이다.

가벼운 우울감일 경우 스스로 감정을 인지하고 운동이나 햇볕 쬐기, 가까운 사람들과의 충분한 대화로도 극복이 가능합니다. 그러나 명백한 우울증인 경우에 스스로 극복하겠다는 생각은 아주 위험합니다. 전문가를 찾아서 도움을 받는 것이 가장 확실하고 안전한 방법입니다.

항상 전교 상위권을 유지하던 지현이는 지난 중간고사 때 전교 80등으로 성적이 떨어진 것에 놀라서 클리닉을 찾아왔습니다. 어머니에 따르면 중학교 3학년에 올라가면서 지현이의 의욕이 많이 떨어지고 공부하는 시간이 줄어들었다고 했습니다.

"예전보다 공부하는 것이 귀찮고, 졸려서 공부하기가 힘들어요."

두 차례의 면담과 심리검사 결과 지현이는 우울증을 겪고 있는 것으로 판단되었습니다. 하지만 본인은 스트레스를 받거나 우울하다고 느끼지 못하고 있었지요. 성적이 떨어져 고민이지만 다시 잘할 수 있을 것이라는 막연한 기대를 가지고 있었습니다. 하지만 실제로는 공부가 잘 안 되고 있었습니다. 우울증 때문에 수면과다와 귀찮음이 생긴 것이었죠. 약물치료와 상담치료를 병행하며 열흘 정도 지나자 지현이의 얼굴 표정이 밝아졌으며 공부 시간도 다시 늘어났습니다. 얼마 후 기말고사에서 다시 원래 성적을 회복할 수 있었지요.

고등학교 1학년인 민기도 친구들과 놀기만 하고 부모에게 적대적이고 반항적인 모습으로 우울증을 나타냈지요. 중학교 때까지 순한 성격이던 민기는 괜히 짜증나고 신경질이 난다고 했습니다. 부모님은 뒤늦게 사춘기가 온 것으로 오해하고 그냥 놔두었지만 민기의 문제는 개선되지 않았죠. 면담과 심리검사 결과 우울증이라고 판단되어 소량의 항우울제와 상담치료를 병행했습니다. 치료를 시작한지 2주가 지나면서 짜증과 적대적인 태도가 눈에 띠게 개선되었고 점차 공부에 흥미를 갖기 시작했지요. 민기는 친구들과 어울리며 간헐적으로 해오던 흡연도 중단하고 공부 시간이 늘었으며 어머니와의 관계도 현저히 좋아졌습니다. 민기는 성적이 많이 향상되었을 뿐만 아니라 함께 놀던 친구들에게도 공부를 권하는 모습을 보여 주변 사람들을 놀라게 했습니다.

또 다른 감정 문제에 대처하는 법

불안과 우울 이외에도 많은 감정의 문제들이 있습니다. 우선 생활 속에서 생긴 화가 쌓여서 생긴 분노가 대표적이지요. 앞서 말했듯이 해결되지 않는 분노는 매사에 반항적인 행동을 하게 만듭니다. 또한 공부에 소극적이고 수동적인 태도를 갖게 하지요. 사소한 일에 쉽게 흥분하거나 들뜨는 성격을 가진 경우에도 공부에 지장을 줍니다. 수학여행 가기 전날 설렘과 기대감으로 공부가 잘 되지 않았던 기억이 있을 것입니다.

공부의 성과를 빨리 얻으려 하는 조급증, 공부를 완벽하게 하려는 강박증도 오히려 공부의 효율을 떨어뜨립니다. 어떤 감정문제이든 자신이 불편한 감정을 갖고 있다는 것을 알고 있다면 어렵지 않게 문제를 해결할 수 있습니다. 자신이 감정을 기피하거나 인식하지 못할 때 문제가 되는 것이지요.

주변 사람들과의 관계 때문에 고민이 많은 고등학교 2학년 필형이가 클리닉을 찾아왔습니다. 자신이 원하는 대로 인간관계를 맺을 수 없어 괴롭다고 했지요.

"친구들과 활발하게 어울리면서 관심을 받고 싶지만 그렇지 못해요. 이런 나를 바꾸고 싶어요."

필형이의 마음속에는 어릴 적부터 어머니의 비판을 들으면서 혼나던 기억이 선명하게 남아 있었습니다. 이러한 기억이 스스로에 대한 인식을 부정적으로 만들게 됐지요. 필형이는 자신이 가지지 못한 외모나 성격 등을 무조건적으로 동경했고 자신에 대해서는 비판적이고 공격적인 성향을 갖게 되었습니다. 내향적이고 섬세한 자신의 특성을 열등한 것으로 여기며 자신을 수치스럽게 여기는 데 익숙했지요.

오랜 기간 동안의 상담을 통해 필형이는 자신의 내면과 성장과정에 대해 이해할 수 있었습니다. 또한 자신의 문제와 어머니의 문제를 분리해서 생각할 수 있는 힘을 가지게 되었지요. 결국 자신에 대한 수치심에서 벗어나게 되었고 공부에 대한 의욕과 집중력도 훨씬 개선되었습니다.

귀엽고 남자 아이 같은 독특함을 가진 지우가 과외선생님과 함께 진료실에 들어왔습니다. 고등학교 1학년인 지우는 겉으론 밝은 표정이어서 어떤 문제를 가지고 있는지 알기 쉽지 않았지요. 그런데 선생님으로부터 들은 얘기는 겉모습과는 전혀 다른 것이었습니다. 공부에 의욕이 없는 것은 물론

이며 거짓말, 도벽 등의 문제가 많다는 것이었죠. 그럼에도 불구하고 지우는 항상 웃는 모습이었으며 자신은 불편함이 별로 없다고 하였습니다. 특이하게도 지우는 친구관계와 가족관계에서 자신을 이해해주는 사람이 없다고 하면서도 밝은 표정을 짓고 있었지요.

몇 주 후 지우의 부모님과 만나서 지우의 성장과정을 듣고 지우를 이해할 수 있게 되었습니다. 전문직에 있는 부모님은 두 분 모두 매우 이성적인 성격으로 일을 소중히 여겼지만 지우와 함께 하는 시간이 많지 않았습니다. 어려서부터 할머니가 지우를 돌봤으나 초등학교 3학년 때 할머니가 돌아가시면서 양육에 공백이 생겼습니다. 그러나 지우는 어려서부터 어른스러웠고 자신의 감정을 잘 나타내지 않았기 때문에 지우의 솔직한 감정이 부모에게 전달되지 않았지요. 지나치게 이성적이고 냉담한 부모의 양육에 적응하기 위해 지우는 자신의 감정을 숨길 수밖에 없었던 것입니다. 감정을 배제하자 고통은 줄어들었지만 대인관계가 소원해지고 깊이가 없어져 생활이 메말라갔습니다.

상담이 시작되고 두 달이 지났을 때입니다. 지우가 드디어 말문을 열었지요. "잘 지내는 편인데 마음이 공허하고 텅 빈 느낌이에요. 뭔가 잘못된 것 같은데 어디서 어떻게 잘못되었는지 모르겠어요. 생각해 보면 나만의 이상을 만들어서 거기에 끼워 맞췄던 것 같아요. 할머니가 돌아가시기 전인 초등학교 3학년 때까진 감정을 많이 표현했던 것 같아요. 할머니가 이 세상에서 제일 좋아하는 사람이었죠. 할머니가 아프신 것과 돌아가시는 것을 보면서 많은 것을 느꼈던 것 같은데, 부모님께는 얘기할 수 없었어요."

어려서부터 자신의 감정을 있는 그대로 느끼는 것이 불편했던 지우는 감정을 희생하고 이성을 선택했지만 마음속의 불편함을 완전히 피할 수는 없었습니다. 부정하고 싶었던 마음의 고통은 일상에서 동기의 부족과 이상한 행동 그리고 대인관계의 어려움으로 나타났지요. 지우가 현실을 피하지 않고 부딪히면서 고통을 이겨내야 한다는 것을 배우기까지 6개월의 시간이 필요했습니다.

건강한 감정 상태 유지하기

우리나라 사람들이 가장 사랑하는 외국 화가는 누구일까요? 여러분도 잘 알고 있는 인상파 화가 '고흐'입니다. 고흐는 평생 우울증에 시달렸습니다. 하지만 정신병원에 있는 동안에도 그림을 그만두지 않았지요. 놀라운 것은 평생 우울하게 살았던 화가의 그림은 우울함과는 거리가 멀었다는 것입니다. 편안함을 주는 초록색과 명랑한 주황색, 태양을 떠오르게 하는 노란색이 가득하지요. 어쩌면 화가에게 그림을 그리는 것은 자신을 치유하는 과정이었을지도 모르겠습니다. 여러분도 자신의 감정을 다스릴 수 있는 나만의 방법을 찾아보기 바랍니다. 그전에 건강한 감정을 유지하기 위해 여러분이 거쳐야 할 마음의 단계를 소개하겠습니다.

　우선 자신의 감정에 대해 정확히 아는 것이 필요합니다. 사람들에게 지금 어떤 감정을 느끼고 있는지 표현해보라고 하면 잘 표현해내는 사람은 그리 많지 않습니다. 그것이 불편한 감정일 때는 더욱 그렇지요. 자신이 두려움, 분노, 우울, 실망, 좌절 등의 감정을 느끼고 있다는 것을 부정하거나 잘 인식하지 못합니다. 이것은 사람들이 이러한 감정을 부정적으로 여기기 때문입니다. 하지만 감정은 공기처럼 항상 존재하며 흐르는 물처럼 자연스러운 것입니다.

　또한 불편한 감정이 있을 뿐 부정적인 감정이란 없습니다. 불편한 감정을 느낄 때 단순히 부정하거나 없애려는 노력은 오히려 불편한 감정을 더 강하게 만들 뿐입니다. 그것이 어떤 감정이 되었든 부정하지 말고 인정하세요. 그리고 평소에 '나는 지금 어떤 기분이지?' 라고 묻는 습관을 가져보세요.

　자신이 어떤 감정을 가지고 있는지 알았다면 이제 감정을 제대로 표현하는 것이 필요합니다. 감정을 담아두고 표현하지 않는 것은 고인 물이 썩는 것과 같습니다. 감정이 자연스럽게 흐르도록 두어야 마음이 편안해집니다. 만약 표현했는데도 마음이 편하지 않다면 적절하게 표현하지 않았거나 혹은 표현하는 행위를 불편하게 생각하는 것입니다.

　표현하는 것은 발산하는 것과는 전혀 다릅니다. 발산은 감정을 표현하는 것이 아니라 폭발시키는 것이지요. 화가 났을 때 '나 화났어! 나 속상하고 짜증나!'라고 얘기하는 것은 표현이지만 지나치게 심한 욕을 하거나 물건을 부수는 행동을 한다면 감정을 발산하는 것이며 불편한 감정의 지배를 받는 것입니다. 이런 경우 그 자체로도 문제가 되지만 죄책감이 들 수도 있습니다.

자신의 감정을 알고 그것을 표현했다면 왜 그러한 감정이 생겼는지 자신의 감정을 이해하는 것이 필요합니다. 이때 불편한 감정을 일으킨 상대방이나 주변의 친한 사람에게 자신의 속마음을 털어놓으면 많은 도움이 됩니다. 물론 불편한 감정을 이야기하거나 속마음을 털어놓는 데는 용기가 필요합니다. 하지만 많은 학생들이 자신의 감정을 털어놓는 것만으로도 감정을 이해하고 다스릴 수 있는 힘을 갖게 됩니다.

여러분이 자신의 감정을 알고 그것을 통제할 수 있기까지는 많은 시행착오와 훈련이 필요합니다. 흔히들 마음의 문제라고 하면 다른 문제와 접근방법이 다를 거라고 생각하는데 그렇지 않습니다. 여러분이 감정을 다스리는 데 시간을 투자할수록 감정의 문제를 해결하기가 더 쉬워질 것입니다.

이제 자신의 감정을 다스리는 좋은 습관을 몇 가지 소개할까 합니다. 우선 운동은 차분하고 고요한 감정을 유지하는 데 많은 도움을 줍니다. 특히 걷기, 계단 오르내리기, 스트레칭 등 차분하고 정적인 운동이 좋습니다. 하루 5~10분 정도 복식호흡을 하는 것도 감정을 다스리고 집중력을 향상시키는 데 도움이 됩니다.

더 나아가 명상시간을 가져보는 것도 좋습니다. 명상 하면 어렵고 특수한 능력을 가진 사람만 할 수 있는 신비한 것으로 생각하는 경향이 있는데, 가벼운 명상은 결코 어렵지 않습니다. 무엇인가 한 가지에 집중하면서 그것을 온전히 느끼는 것이 명상입니다. 매일 자신의 감정을 일기에 적는 것도 좋은 방법입니다. 자신의 머릿속으로 그냥 생각하는 것이 아니라 글로 쓰다 보면 자신이 몰랐던 감정을 발견할 수도 있습니다.

스트레스 호르몬과 뇌

스트레스를 받으면 부신에서 아드레날린, 코티졸과 같은 '스트레스 호르몬'이 분비되어 스트레스를 극복하도록 도와준다. 하지만 정상수준을 넘는 스트레스는 호르몬 분비를 과도하게 자극한다. 그 결과 심장이 뛰고 호흡이 가빠지며 땀이 나고 손이 떨리는 증상이 생기게 된다. 문제는 호르몬이 신체적 증상뿐만 아니라 뇌의 변화도 유발한다는 것이다. 과도한 호르몬은 뇌를 공격한다. 대표적으로 판단과 계산, 계획과 추리 기능을 하는 전두엽과 기억의 중추인 해마가 스트레스 호르몬의 공격에 특히 취약하다. 위급한 상황임을 인식하게 되면 전두엽과 해마로 가는 혈류량이 감소하면서 전두엽과 해마의 기능이 일시적으로 떨어지거나 마비된다. 당연히 시험문제를 푸는 데 필요한 고차원적 뇌기능이 떨어지게 된다. 시험지를 받으면 머릿속이 하얗다는 느낌을 받는 것도 이 때문이다.

나를 절제하면
모든 것을 이긴다

자신이 경쟁 상대다

만 4세 아이들을 대상으로 한 유명한 실험이 있습니다. 아이들에게 마시멜로를 한 개씩 준 후, 조건을 제시합니다. 먹지 않고 15분을 기다리면 한 개를 더 주겠다는 것이지요. 물론 당장 먹는 아이들도 있었고 참았다가 하나를 더 받는 아이들도 있었습니다. 흥미로운 것은 이 아이들의 성장과정입니다. 15분을 참았던 아이들은 대학수학능력검사(SAT)에서 더 높은 성적을 받았을 뿐 아니라 청소년기도 무난하게 보냈지요. 그리고 친구들이나 주위 어른들과도 좋은 관계를 맺었습니다. 마시멜로 실험은 감정을 조절하는 능력이나 집중할 수 있는 능력, 정해진 규범의 틀 속에서 지낼 수 있는 능력 등이 얼마나 중요한지를 보여주는 실험입니다. 자기절제라는 정서적 성숙 없이는 아무리 지능이 뛰어나도 사회적 성공을 보장할 수 없다는 것이지요.

공부는 마라톤과 같습니다. 기복 없이 42.195km를 꾸준히 달려야 완주할 수 있을 뿐 아니라 좋은 성과도 올릴 수 있습니다. 공부를 잘하는 데도 자기절제가 필요합니다. 여기서 자기절제는 놀고 싶은 것을 참고, 자고 싶은 것을 참는 것만이 아닙니다. 때로는 더 공부하고 싶은 것을 참고, 덜 자고 싶은 것을 참는 것도 자기절제입니다. 절제를 통해 유혹을 이겨내거나 에너지를 잘 관리하지 못한다면 목적지를 향해 나아가기 힘들게 됩니다.

'자기절제'라는 말에서 알 수 있듯이 절제는 자신과의 싸움입니다. 내안의 또 다른 나, 욕구와 충동의 주인인 마음속의 또 다른 나를 절제하는 것입니다. 세계적인 발레리나 강수진 씨의 발 사진이 한때 사람들에게 큰 감동을 불러일으켰습니다. 세상에서 가장 아름다운 몸짓을 보여주는 발레리나의 발이 세상에서 가장 못생긴 발이라고 할 만큼 상처 투성이였죠. 사람들의 그녀의 발에서 피나는 절제와 노력을 볼 수 있었기 때문에 감동한 것입니다. 강수진 씨 자신도 후배들에게 이렇게 조언한다고 합니다. "자신과 싸워라. 다른 사람이 경쟁상대가 아니다."

무엇을 절제해야 하나?

과연 우리가 공부를 잘하기 위해서는 무엇을 절제해야 할까요? 절제의 대상은 외부에 있지만 절제는 여러분의 마음속에서 일어납니다. 바로 마음 속 깊은 곳에 존재하는 욕구와 충동의 절제이지요. 청소년기에 욕구와 충동은 여러 가지 모습으로 나타납니다.

재미에 대한 절제

우리 주변에는 재미를 주는 많은 자극과 유혹이 있습니다. 컴퓨터, 게임, 인터넷, 텔레비전이 대표적이지요. 그렇다고 이러한 재미를 완전히 포기하라는 것이 아닙니다. 단지 중독될 정도로 가까이 해서는 안 된다는 말입니다. 이러한 매체들이 주는 재미는 쾌락을 느끼게 하고 뇌를 흥분시키는 특성을 가지고 있습니다. 그리고 뇌의 흥분상태가 반복되면 더 강한 재미, 더 긴 시간의 재미를 찾게 되지요. 이렇게 되면 공부에 집중할 수 있는 시간을 빼앗기는 것은 당연한 일입니다.

관계에 대한 절제

'인간은 사회적 동물' 이라는 말이 있지요. 사람은 누구나 함께 할 누군가가 필요합니다. 특히 정체성의 혼란을 겪기 쉬운 청소년들은 마음을 알아주는 친구가 필요하지요. 또한 친구들에게 인정을 받는 것은 매력적이며 달콤한 유혹입니다. 필자는 친구관계에 집중하느라 공부에 소홀한 친구들을 많이 봐왔습니다. 하지만 친구관계에만 집착하다 보면 자기 자신보다 관계 자체가 더 중요해지게 됩니다. 이성친구를 사귈 때도 마찬가지입니다. '왜 연락이 안 오는 걸까, 나를 좋아하는 걸까' 등의 생각이 머릿속을 지배한다면 공부에 집중하기 힘들 것입니다.

계획과 목표에 대한 절제

시험결과가 불안하거나 공부에 욕심이 앞서 지나치게 많은 계획을 세우는 경우가 있습니다. 그러나 과도한 계획은 실천하지 못할 가능성이 높습니다. 실천하더라도 금방 지쳐서 다음 계획은 하나도 실천 하지 못할 수도 있습니다. 어떤 학생들은 계획만 세워놓고 마치 공부를 다 한 것처럼 뿌듯해하기도 합니다. 계획의 실천이 아닌 계획 자체에 너무 많은 시간과 에너지를 소비하게 되는 것이지요. 여러분이 할 수 있는 것의 80~90% 정도만 계획에 포함하세요. 초반에 1등으로 달리다가 중간에 다리에 쥐가 나서 경기를 포기하는 마라토너가 돼서는 안 되겠죠.

수능을 한 달 앞둔 재수생 상민이가 어머니와 함께 클리닉을 찾아왔습니다. 어머니는 상민이가 최근에 뭔가 변화를 겪었고 공부를 잘 하지 않는다고 생각했지만, 상민이가 이를 인정하지 않아 다툼이 많았습니다.
"요즘 상민이가 학원에 갔다가 귀가하는 시간이 늦어졌고 돈 씀씀이도 달라졌어요. 공부 말고 다른 데 신경을 쓰고 있는 것 같아요."

상민이의 문제는 게임중독이었습니다. 재수를 하면서 시험에 대한 압박감이 컸는데 게임을 하면 잠시 현실을 잊을 수 있었던 것이지요. 문제는 게임에 빠져 있는 시간이 계속 늘어났다는 것입니다. 하지 말아야겠다고 생각은 했지만 대여섯 시간씩 게임에 빠져 있는 경우가 많아졌지요. 게임을 하고 나면 자책감과 후회 때문에 스트레스는 더 심해졌습니다. 결국 상민이는 자기절제를 하지 못한 대가로 삼수를 해야 했습니다.

나는 왜 절제하지 못할까?

여러분 사춘기에 나타나는 2차 성징을 알고 있을 겁니다. 아이에서 어른으로 가는 신체적 변화가 나타나는 것이지요. 2차 성징 때 우리 몸 속에서 일어나는 가장 큰 변화는 호르몬의 분비가 많아진다는 것입니다. 특히 성호르몬의 분비가 많아지지요. 이 때문에 마음속에 욕구와 충동 에너지가 커집니다. 하지만 욕구를 조절하고 충동을 관리하는 뇌의 '전전두엽(prefrontal cortex)'은 상대적으로 충분히 성숙되지 않은 상태이지요. 당연히 뇌기능에 불균형이 생기게 되고 청소년기의 스트레스까지 겹쳐 욕구와 충동을 절제하는 능력은 더욱 떨어지게 됩니다.

또한 남보다 충동적 욕구가 강한 친구들도 있습니다. 어려서부터 성격이 급하고 활동이 많으며 즉흥적인 행동을 많이 하지요. 고집이 강한 편으로 통제받는 것을 싫어하며 유난히 자기주장을 강합니다. 유아기부터 텔레비전이나 비디오게임에 관심을 많이 보이는데, 하고 싶은 것을 못하게 하면 유난히 화를 내고 분노발작을 일으켜 부모를 당황하게 하지요. 이런 친구들은 ADHD(주의력결핍과잉행동장애)로 분류되기도 합니다. ADHD를 가지고 있는 사람은 전체인구의 10% 정도로 추산되는데, 자극을 추구하는 경향이 매우 강한 것이 특징이지요. 청소년기에 다른 사람들보다 더 쉽게 게임중독 같은 재미중독에 빠질 수 있습니다.

감정적인 문제가 있으면 욕구를 조절하고 충동을 통제하기 어려워집니다. 대표적인 것이 우울한 감정입니다. 마음과 뇌가 우울하면 반대 정서에 대한 호감이 강해집니다. 당연히 재미있는 것을 찾게 되고 마음에 위로가 되는 관계에 매달리게 되지요. 어떤 이유에서든 만성적인 스트레스를 받고 있거나 마음속에 화가 있는 경우에도 자기조절능력이 떨어집니다. 감정적인 문제가 있어 재미에 빠지기도 하고, 어쩌다보니 게임중독이 생겼는데 감정적인 문제 때문에 절제가 더 힘들어지기도 합니다.

고등학교 2학년인 훈태가 집중력 개선을 위해 스스로 클리닉을 찾아왔습니다. 검사결과 집중력를 떨어뜨릴 만한 주의력결핍증후군같은 의학적 원인은 발견할 수 없었지요.

"집중력이 원래 나쁘지는 않았는데 1년 전부터 게임을 많이 하면서 집중력이 떨어진 것 같아요. 처음에는 스트레스를 풀려고 게임을 시작했는데 시간이 가면서 습관적으로 하게 됐어요. 하고 나면 후회되고 수능시험도 걱정되지만 조절이 안 돼요. 아무래도 게임중독인 것 같아요."

훈태는 IQ도 높았으며 중학교 때까지는 성적도 상위권이었습니다. 보통 게임중독은 중학교 때가 가장 흔한데 훈태의 경우 고등학교에 와서 게임을 시작했습니다. 하고 있는 게임의 종류(스타크래프트)도 중독성이 그리 강하지 않는 것이었지요. 원래 성적이 나쁜 것도 아니었는데 왜 게임에 몰두하게 되었는지 궁금했습니다. 훈태는 처음부터 자신에게 다른 문제는 없고 게임을 줄이고 집중력만 높이면 된다고 했지만 상담 결과 뿌리 깊은 스트레스가 있다는 것을 알 수 있었습니다.

유복한 환경에서 자랐지만 어린 시절부터 계속된 부모의 다툼과 그로 인한 가족불화가 훈태에게 많은 스트레스가 되었지요. 가부장적이고 권위적인 아버지와 예민하고 잔소리가 많은 어머니 사이에서 좌절과 분노를 느껴왔던 것입니다. 하지만 내성적 성격의 훈태는 전혀 내색하지 않았으며 가족들도 훈태에게 문제가 있다고 생각하지 않았지요. 그러나 스트레스가 점점 쌓여가면서 견디기 어려워지자 현실을 잊고 싶어 게임을 시작한 것입니다.

훈태는 분노라는 감정으로 인해 자기절제를 하지 못한 경우였습니다. 분노를 다스리기 위해서는 훈태 자신뿐만 아니라 부모의 개입도 필요했지요. 6개월 정도 훈태는 부모님과 서로 이해하고 용서하는 시간을 가졌고, 부모님 역시 훈태가 게임에서 서서히 빠져나올 수 있도록 기다려주었습니다. 결국 다시 자기절제의 능력이 되살아나면서 집중력도 개선되었지요.

<table>
<tr><td>나는 혹시 동기 과잉이 아닐까?</td><td>그렇다</td><td>아니다</td></tr>
<tr><td>1. 정해 놓은 게임시간을 자주 어긴다.</td><td>☐</td><td>☐</td></tr>
<tr><td>2. 게임 때문에 공부를 소홀히 한다.</td><td>☐</td><td>☐</td></tr>
<tr><td>3. 게임 때문에 부모님께 자주 지적을 받는다.</td><td>☐</td><td>☐</td></tr>
<tr><td>4. 게임으로 인해서 공부나 학교생활에 문제가 발생한다.</td><td>☐</td><td>☐</td></tr>
<tr><td>5. 친구들과 밖에서 놀기보다는 게임하는 것이 더 좋다.</td><td>☐</td><td>☐</td></tr>
<tr><td>6. 해야 할 일을 자주 미루고 게임한다.</td><td>☐</td><td>☐</td></tr>
<tr><td>7. 게임을 한 이후로 다른 사람들과의 관계가 줄어들었다.</td><td>☐</td><td>☐</td></tr>
<tr><td>8. 부모님 몰래 게임을 한다.</td><td>☐</td><td>☐</td></tr>
<tr><td>9. 내방에서 혼자 게임을 하는 경우가 많다.</td><td>☐</td><td>☐</td></tr>
<tr><td>10. 게임하는 동안 방해를 받으면 소리를 지르거나 화를 낸다.</td><td>☐</td><td>☐</td></tr>
<tr><td>11. 게임하느라고 잠을 자지 못해서 피곤한 경우가 있다.</td><td>☐</td><td>☐</td></tr>
<tr><td>12. 게임하지 않을 때에도 게임할 생각에 몰두한다.</td><td>☐</td><td>☐</td></tr>
<tr><td>13. 부모님께서 게임시간에 대해 잔소리하면 짜증이 난다.</td><td>☐</td><td>☐</td></tr>
<tr><td>14. 짜증이 나다가도 게임을 하면 짜증이 사라진다.</td><td>☐</td><td>☐</td></tr>
</table>

※ '그렇다' 가 4개 이상이면 자기절제에 문제가 있는 상태이므로 각별히 주의해야 한다. 7개 이상이면 중독의 가능성이 있으므로 부모님과 상의해서 도움을 받는 것이 좋다. 밑줄 친 부분은 인터넷, 핸드폰 등으로 대체해서 체크해볼 수 있다

자기절제 능력을 키우자

옛날에 한 인디언 노인이 어린 손자에게 다음과 같은 이야기를 들려주었습니다. "애야, 할아비 마음속에는 두 마리의 늑대가 살고 있단다. 그런데 서로 보기만 하면 으르렁거리고 싸우지. 한 마리는 아주 사나운 놈이라 욕심 많고 자존심도 세지만 열등감도 강하단다. 후회하기도 잘하고 때로는 속이기도 하지. 또 다른 한 놈은 아주 착하고 친절하단다. 아주 진실하고 듬직한 녀석이야. 그런데 이 사납고 못된 늑대가 자꾸 착한 늑대에게 시비를 걸곤 한단다. 애야, 너도 나중에 어른이 되면 마음속에서 이 두 늑대가 싸우는 것을 경험할 거야."

손자는 할아버지의 말을 듣더니 잠시 생각하다가 이렇게 물어 보았습니다.

"할아버지, 그런데 두 늑대 중 어떤 늑대가 이겼나요?"

그때 할아버지는 이렇게 대답했습니다.

"이 할아비가 열심히 먹이를 주는 늑대가 이겼단다."

우리 마음속에도 두 마리의 늑대가 살고 있습니다. 여러분이 어느 늑대에게 공을 들이냐에 따라 절제할 줄 모르는 사납고 교만한 사람이 될 수도 있고, 자신의 감정을 조절할 줄 아는 진실하고 겸손한 사람이 될 수도 있습니다. 어느 늑대에게 먹이를 주시겠습니까?

자기절제에 실패하지 않기 위해 가장 먼저 해야 할 일은 기쁜 마음으로 절제를 받아들이는 것입니다. 절제는 재미를 포기하는 것이 아니며 친구를 멀리하는 것도 아닙니다. 오히려 더 오랫동안 재미와 기쁨을 느끼기 위해서 잠시 보류하는 것일 뿐입니다. 게임 한 판 덜 한다고, 친구와 문자 메시지 한 번 덜 주고받는다고 손해 보거나 친구와 멀어질 거라는 염려를 버려야 합니다. 기쁜 마음으로 절제를 받아들이는 것이 자기절제의 첫걸음입니다.

자기절제는 자부심과 관련이 있습니다. 자부심이 있는 친구들은 상대적으로 높은 자존감을 가지고 있으며 자신에 대한 만족도가 높습니다. 스스로에게 만족하므로 다른 것으로 자신을 나타내고 표출해야 할 필요성이 적은 것이죠. 무관심한 부모 밑에서 자란 청소년들은 일반적으로 자부심이 낮다고 합니다. 분명한 목표나 방향이 없으며 자존감이 낮기 때문에 진취적이기 어렵지요. 그러므로 스스로 자부심을 가지려고 노력해야 합니다.

자기절제는 책임감에서 나옵니다. 자신에게 어떤 상황이 주어지든 여러분은 선택할 수 있습니다. 가정불화에 대한 도피로 게임에 빠질 수도 있고, 더 열심히 공부해서 자신의 인생을 개척해야겠다고 생각할 수도 있습니다. 영화 속에서처럼 여러분이 한 달간 동생과 영혼이 바뀌어서 동생의 몸으로 생활해야 한다고 생각해보세요. 아마 동생의 생활을 망쳐서는 안 된다는 책임감이 들 것입니다. 아끼는 동생의 인생이니까요? 여러분의 인생은 어떤가요? 설마 동생의 인생보다 덜 소중하다고 말할 수는 없겠죠?

클리닉을 찾아온 중학교 2학년 은경이는 항상 게임문제로 어머니와 부딪혔습니다. 공부에 몰두하지 않고 친구들에게 정신이 팔려 있다고 야단맞기 일쑤였지요.

은경: "엄마는 항상 잔소리만 하고 나를 이해 못해요."

어머니: "저하고 공부하기로 한 약속은 안 지키고 게임에만 몰두해요."

은경이와 어머니는 서로의 입장만 내세우다가 감정이 상해 있는 상태였습니다. 그래서 한번 관점을 바꿔보자고 제안했지요. 게임을 얼마나 오래 하는가가 아니라, 게임을 하지 않는 시간을 어떻게 보내는가에 초점을 맞추도록 했습니다. 만약 게임을 하지 않는 시간에 주어진 과제를 충실히 이행해낸다면 게임에 대해 좀 더 많은 권한을 주고, 그렇지 못한다면 게임을 할 수 있는 권한을 줄이자고 했지요.

약속을 지키는 과정에서 갈등은 있었지만 은경이는 보다 편하게 게임을 하기 위해 나머지 시간에 신경을 썼습니다. 어머니도 게임하는 것 자체에 대한 잔소리를 줄였지요. 서로 신경전을 벌이며 두 달이 지났습니다. 신기하게도 은경이가 게임하는 시간이 조금씩 줄어들기 시작했습니다. 게임을 하고 안 하고가 아니라 공부하는 시간에 초점을 맞추자 집중력이 좋아졌고 공부에 흥미가 생기기 시작했지요. 이 모습에 어머니도 마음의 여유를 가지게 되었고 지금은 훨씬 편안한 상태가 되었습니다.

절제란 기본적으로 '하지 않는 것' 과 관련이 있지만 생각을 바꿔 '할 수 있는 것'에 초점을 맞추면 의외로 문제는 더 쉽게 해결될 수 있습니다. 자신이 할 수 있는 것에 초점을 맞출 때 책임감이 싹트기도 하고요.

좋은 습관을 갖고 훈련하라

재미있는 일은 나중에 하기

절제를 위한 가장 핵심적인 습관은 두 가지를 동시에 해야 할 상황일 때 재미있는 일을 나중에 하는 것입니다. 어떤 일이 더 재미있는 일인지 스스로 묻고 덜 재미있는 일을 먼저 시작하세요. 공부와 게임을 해야 한다면 공부를 먼저 하는 습관을 가지도록 하세요. 지금 당장은 게임을 하고 싶겠지만 아마 공부가 마음에 걸려 게임을 100% 즐기기 힘들 것입니다. 반대로 해야 할 공부를 해치우고 나면 마음 편히 게임을 할 수 있겠지요. 아마 뿌듯함까지 느낄 것입니다. 그리고 이러한 뿌듯함이 반복되면 게임보다 공부 먼저 하기가 여러분에게 더 효과적입니다.

혼자 있는 시간 확보하기

혼자 있는 시간을 즐기려고 노력해야 합니다. 지나치게 내성적인 성격 때문에 혼자 지내는 시간이 많다면 사람들과 어울리려고 노력해야겠지만, 재미중독이나 관계중독에 빠져 있는 경우라면 혼자 있는 시간을 즐길 줄 알아야 합니다. 자기절제 능력이 없는 사람은 혼자 있는 시간을 심심하고 지루하게 느낍니다. 그것을 피하기 위해 외부자극을 찾아다니게 되지요. 그러다 보면 외부자극에만 의존하는 생활습관을 갖게 됩니다. 하지만 혼자 있는 것은 외로운 것이 아닙니다. 또한 여러분을 움직이는 것은 목표, 성취감, 자기발전 같은 내부자극이어야 합니다. 혼자 있는 시간에 공부가 하기 싫다면 자신이 원하는 꿈을 이룬 사람의 성공이야기나 전기를 읽어보는 것은 어떨까요?

너무 많은 자극에 노출되지 않기

절제가 힘든 이유 중의 하나는 자기도 모르게 많은 자극에 노출되기 때문입니다. 우리는 원하지 않는 것까지도 보고 들을 수밖에 없는 환경에서 살고 있습니다. 여기저기서 들리는 전화벨 소리와 음악소리, 인터넷과 TV의 각종 동영상. 강한 자극들은 자극 그 자체에만 의식을 머물게 하고 깊은 생각을 방해하며 창조적 에너지를 소진시킵니다. 또 반복적으로 노출되면 중독이 되지요. 그러므로 공부할 때는 핸드폰을 꺼놓는다거나 게임하는 시간, 텔레비전 시청시간 등을 정해놓는 습관이 필요합니다.

긍정적인 태도가 공부를 사로잡는다

태도가 반이다

그리스 신화에는 이카로스라는 인물이 나옵니다. 어느 날 아버지인 다이달로스가 미노스 왕의 노여움을 사 반인반수의 괴물이 사는 미궁에 갇히게 되지요. 다이달로스는 밀랍과 깃털로 만든 날개로 아들과 탈출을 시도합니다. 그리고 아들인 이카로스에게 '너무 태양 가까이 날지 말라'고 주의를 주지요. 하지만 비행에 심취한 이카로스는 태양의 신 아폴로처럼 태양 가까이, 더 높이 날고 싶은 욕심이 생깁니다. 결국 아버지의 만류에도 불구하고 태양 가까이로 날아올라갔지요. 그런데 태양의 뜨거운 열기 때문에 날개의 밀랍이 녹아내려 지상으로 추락하고 맙니다. 신의 경지에 이르고자 했던 인간의 오만이 비극으로 끝난 것이지요.

아무리 뛰어난 재능을 가지고 있더라도 잘못된 태도로 인해 그 재능을 충분히 발휘하지 못할 수 있습니다. 공부를 할 때도 마찬가지입니다. 여러분이 공부에 대한 동기와 목표로 무장했고 감정적으로 아무 문제가 없다고 하더라도 공부에 대한 태도가 잘못되었다면 원하는 만큼 성과를 거두기 힘듭니다.

지난 봄에 고등학교 1학년인 지연이가 어머니와 함께 클리닉을 찾아왔습니다. 어머니에게 억지로 끌려온 듯 뿌루퉁한 표정이었지요. 지연이의 문제는 평소에 공부를 하지 않고 시험 때만 벼락치기를 한다는 것이었습니다. "시험 며칠 전부터 벼락치기를 해도 점수를 잘 받는데 아무 문제가 없어요. 평소에 공부를 열심히 해도 저보다 시험 점수가 잘 안 나오는 친구들도 많아요."

지연이의 문제는 공부에 대한 태도에 있었습니다. 자신의 능력을 지나치게 믿어서 마음만 먹으면 언제든 성적을 올릴 수 있다고 생각하고 있었지요. 하지만 실제로는 고등학교에 들어오면서 성적이 조금씩 떨어지고 있었습니다. 중학교 때까지는 벼락치기가 어느 정도 효과가 있었겠지만 고등학교에 오면서 학습량이 많아지면서 벼락치기로는 역부족이었던 것이지요. 지연이는 IQ도 높은 편이었습니다. 어릴 적부터 주변 사람들로부터 똑똑하다는 소리를 많이 들었다고 했지요. 부모님도 지연이를 영재로 키우려고 했습니다. 이런 경험을 통해 지연이는 공부에 대한 자만심을 갖게 된 것입니다. 상담 초반에 지연이는 자신의 태도가 잘못되었다는 것을 잘 받아들이지 못했습니다. 지금까지 아무 문제가 없었다는 것만 강조했지요. 결국 다음 모의고사에서 좋지 않은 성적을 받고서야 자신의 방법이 잘못되었다는 것을 깨닫기 시작했습니다.

지연이의 경우에는 공부에 대한 자만심이 문제가 되었지만, 공부에 지나치게 자신감이 없는 것이 문제가 되는 학생들도 있습니다. 미리 겁먹고 시도도 하지 않지요. 특히 수학과 같은 과목에서 문제를 읽어보지도 않고 얼핏 보기에 어려워 보이면 '자신은 풀 수 없다'고 단정 짓고 포기해버리는 학생들이 있지요. 실제로 차근차근 풀어보면 충분히 풀 수 있는 문제인데도 불구하고 말입니다.

여러분은 어떤가요? 공부에 대해 자만하는 태도를 갖고 있거나 자신감 없는 태도를 보이고 있지 않나요? 다음의 질문을 통해 공부에 대한 자신의 태도를 점검해보시기 바랍니다.

나는 공부에 대해 어떤 태도를 갖고 있나?	그렇다	아니다
1. 공부를 하려면 많은 희생이 필요하다.	☐	☐
2. 공부를 생각하면 나도 모르게 짜증이 난다.	☐	☐
3. 진심으로 공부하고 싶은 마음은 들지 않는다.	☐	☐
4. 공부와 노는 것이 겹치면 일단 놀고 나서 공부하는 것이 좋다.	☐	☐
5. 같은 내용을 반복해서 공부하는 것은 지루한 일이다.	☐	☐
6. 노력해도 내가 할 수 있는 것은 한계가 있다.	☐	☐

7. 공부 잘하는 사람들은 타고난 능력이 뛰어난 사람들이다.

8. 공부에 대한 내 생각은 쉽게 바뀌지 않을 것이다.

9. 좋은 성적을 얻으려면 노력보다 머리가 좋아야 한다.

10. 열심히 했는데 시험을 못 보면 공부의욕이 떨어질 것이다.

11. 공부를 했으니까 다음 시험에서 성적이 많이 올라야 한다.

12. 성적이 나쁜 것은 주위에서 협조하지 않기 때문이다.

13. 열심히 했는데도 성적이 오르지 않으면 헛고생을 한 것이다.

14. 열심히 했는데 성적이 좋지 못하면 다음 시험도 마찬가지다.

15. 미루다 보면 계획대로 실천하지 못하는 경우가 흔히 있다.

16. 성적이 좋지 않은 이유는 머리가 나쁘기 때문이다.

17. 좋은 학원에서 공부하면 지금보다 좋은 성적을 받을 수 있다.

18. 사실 학교에서 배우는 것은 어른이 되어서는 별 쓸모가 없다.

※ '그렇다' 가 5개 이상이면 약간의 부정적 태도가 있는 것이고, 6~10개이면 부정적 태도가 공부에 심각한 영향을 주고 있을 가능성이 높다. 11개 이상이면 공부를 하기 전에 태도 교정이 이루어져야 한다.

왜 좋은 태도를 가져야 할까?

'말을 물가로 데려갈 수는 있지만 억지로 물을 먹일 수는 없다' 는 말이 있습니다. 태도를 억지로 바꿀 수는 없다는 뜻이죠. 태도는 무언가에 대한 입장입니다. 또한 마음이라는 배의 방향키와 같습니다. 방향키가 긍정적인 방향을 향할 수도 있고 부정적 방향을 향할 수도 있습니다. 태도에 따라 긍정적인 입장이 생기기도 하고 부정적인 입장이 생기기도 합니다. 중요한 것은 믿는 대로 이루어진다는 것입니다. 긍정적인 태도를 가지고 있으면 긍정적인 일이 생기고 부정적인 태도를 가지고 있으면 부정적인 일이 생깁니다.

그런데 우리는 자신이 어떤 태도를 가지고 있는가를 잘 인식하지 못하는 경우가 많습니다. 게다가 한번 어떤 입장을 갖게 되면 그것은 잘 변하지 않지요. 공부에 대한 태도가 부정적이라면 그것은 공부 때문에 마음이 다쳤거나 크게 자존심이 상한 기억을 가지고 있기 때문일 가능성이 많습니다. 자기에게 상처를 준 사람이나 대상에게 부정적인 입장을 갖는 것은 당연합니다. 그래야 최소한의 자존심을 지킬 수가 있으니까요. 태도는 은연중에 형성되고 그것은 자신을 지배합니다. 또한 자기방어 기능을 하기 때문에 잘 고쳐지지 않습니다. 그래서 처음부터 좋은 태도를 가지려고 노력해야 합니다.

공부에 필요한 태도는 무엇일까?

공부를 받아들이기

클리닉을 찾아오는 학생들에게 '공부를 받아들여야 한다' 라고 말하면 별로 심각하게 생각하지 않습니다. "공부를 받아들이는 게 별건가요? 나는 공부할 거예요. 나는 공부하기로 했어요"라고 애기하지만 실천으로 연결되는 경우는 그리 많지 않습니다. 실제로는 공부를 받아들이지 못했기 때문이지요. 우리가 공부를 받아들이지 않는다면 우리 뇌는 공부를 나쁜 자극으로 인식하게 됩니다. 뇌세포의 기억회로와 집중력회로가 폐쇄되고 자극이 들어오는 것을 차단해버립니다. 마치 손님이 집에 찾아왔는데 인터폰으로 보니까 인상이 험하고 마음에 들지 않아 문을 잠가버리는 것과 같은 이치이지요.

여러분이 공부에 부정적인 태도를 가지고 있으면 쉽게 외울 수 있는 수학공식도 외우기 힘들어집니다. 기분이 나쁠 때 밥을 먹으면 체하는 것처럼 우리 몸은 마음의 영향을 받습니다. 뇌도 마찬가지고요. 기왕 여러분이 공부를 받아들이기로 했다면 마음을 열고 친절하게 대해주세요. 공부라는 친구도 분명 여러분에게 보답을 하게 될 테니까요.

고등학교 1학년 영민이가 클리닉을 찾아왔습니다. 날카로운 눈매에 똑똑해 보이는 인상이었습니다. 하지만 뚱한 표정 때문에 한 눈으로도 불만이 가득해 보였지요. 지능검사에서 IQ가 127로 높게 나왔지만 공부에는 소극적이었고 부모님과 공부문제로 부딪히고 있었습니다.
"엄마의 사고방식이 전혀 이해되지 않아요. 지긋지긋해요. 내가 잘못한 것에 대해서는 엄청 야단치면서도 엄마가 잘못한 것은 절대 인정을 안 해요. 하지만 매사에 일관성 있고 일처리에 빈틈이 없는 분이세요."

영민이의 마음속에는 엄마에 대한 상반되지만, 동시에 강력한 두 감정이 있었습니다. 이렇게 한 사람에 대해 사랑과 미움 같은 상반된 감정을 동시에 나타내는 것을 '양가감정'이라고 하는데, 영민이의 이러한 태도는 필자와의 면담에서도 나타나곤 했습니다. 사소한 이유로 필자에 대해 불만을 나타내는가 하면, 다음 시간에는 면담이 많은 도움이 된다면서 겸연쩍어 하곤 했지요. 문제는 부모와의 관계에서 생긴 양가감정이 공부에 대한 태도에도 영향을 미친다는 것입니다. 공부의 필요성을 인정하고 아주 잘하고 싶기는 한데 왠지 공부하기가 싫고 공부 생각만 하면 짜증이 난다고 했지요. 많은 학생들이 비슷한 마음을 가지고 있지만 영민이의 경우 그 정도가 매우 심했습니다.

하지만 영민이에게는 솔직함이라는 장점이 있었습니다. 부정적이든 긍정적이든 자신의 마음을 그대로 표현할 수 있었지요. 일단 감정을 표현하면 정리할 수 있는 기회가 생깁니다. 면담을 통해 영민이는 공부에 대한 태도가 어머니에 대한 태도와 비슷하다는 것을 깨닫게 되었습니다. 또한 어머니와 사이가 좋지 않았을 때 더 공부하기 싫었다는 것을 알게 되었지요. 상처를 극복하고 공부에 대한 부정적인 감정이 줄어들면서 영민이는 공부를 받아들일 수 있었습니다. 결국 학기말 시험에서 만족할 만한 성적을 받고 어머니와의 관계도 개선되었습니다.

여러분도 영민이처럼 공부를 받아들이지 못하는 이유를 마음속에 가지고 있지는 않은지 한번 생각해보기 바랍니다.

자신의 능력에 한계 두지 말기

스탠퍼드 대학의 심리학자 캐롤 드웩*Carol Dweck*은 자신감 있는 태도가 개인의 능력발휘에 어떤 영향을 미치는지 알아보는 실험을 했습니다. 한 무리의 아이들을 인터뷰한 후 자신의 능력을 개발하고 발전시킬 수 있다고 생각하는 집단과 지능이나 능력은 변하지 않는다고 생각하는 집단으로 나눴습니다. 그리고 수학문제를 풀게 했지요. 첫 번째 단계에서는 쉬운 문제를 출제했고 두 집단의 아이들 모두 정확하게 답을 맞혔습니다.

두 번째 단계에서는 어려운 문제를 제시했습니다. 자신의 능력을 발전시킬 수 있다는 생각을 가진 아이들은 문제를 풀려는 태도를 보였으나, 자신의 능력은 변하지 않는다는 생각을 가진 아이들은 '나는 문제를 풀 수 없다'며 당황했습니다. 마지막으로 다시 쉬운 문제를 내주자 첫 번째 집단은 대부분 쉽게 풀었습니다. 하지만 자신의 능력과 지능이 변하지 않는다고 생각하는 아이들은 두 번째 단계에서 겪었던 좌절감 때문에 쉬운 문제임에도 불구하고 대부분 문제를 풀지 못했습니다. 실제로 참가한 아이들의 지능에는 차이가 없었지요.

자신의 가능성을 불신하는 사람들에게는 몇 가지 특징이 있습니다. 대개 완벽주의 성향을 가지고 있으며 실패를 지나치게 두려워해 실패하면 벌을 받을지도 모른다는 불안을 느낍니다. 한 번 실패하면 계속 실패할 것이라고 생각하지요.

고등학교 1학년인 진규도 이러한 문제로 클리닉을 찾아왔습니다. 공부 못하는 친구들이나 마음에 들지 않은 친구를 보면서 자신이 그렇게 되지 않을까 하는 불안에 시달렸지요. 진규는 마음속으로 어쩌다

시험을 못 보면 성적이 계속해서 나쁠 것이고, 내신 성적이 떨어지면 좋은 대학에 진학하지 못하게 되며, 결국은 실패한 인생이 될 거라고 생각하고 있었습니다. 지나친 생각이지만 진규는 정말로 그렇게 될 거라고 믿고 있었지요.

완벽하게 잘하고 싶은 마음은 매우 강력한 유혹입니다. 우리는 자신이 완벽한 존재가 되길 원하고 다른 사람보다 앞서나간다고 느끼고 싶어합니다. 마음속에 열등감이나 좌절감 그리고 상처가 많을수록 그런 경향은 더 강해집니다. 그러나 아직 오지 않은 미래까지 통제하려는 마음이 생기지 않도록 조심해야 합니다. 완벽해지려는 마음이 지나치면 생각이 닫히게 됩니다. 현재를 어떻게 보내는가에 따라 얼마든지 미래가 바뀔 수 있다는 열린 마음을 갖도록 노력해야 합니다.

자격지심을 가지고 있는 사람들도 결코 자신이 원하는 것을 이룰 수 없습니다. 자신의 가능성에 대한 불신은 꿈을 행동으로 옮기는 것을 막기 때문이지요. 자신의 한계를 뛰어넘는 목표를 달성할 수 있다는 믿음이 필요합니다. 위대한 업적을 이룬 사람들도 모두 자신의 능력에 대한 믿음이 있었습니다. 기업에서도 목표를 세울 때 실제 가능치보다 더 높은 목표를 세워 성취도를 높인다고 합니다. 이를 '스트레치 골 *stretch goal*'이라고 하지요.

열린 마음으로 자신의 가능성을 믿게 되면 성공은 재능이 아닌 노력의 결과라는 것을 경험할 수 있게 됩니다. 여러분이 어려워서 풀 수 없다고 생각했던 수학문제를 답안을 보지 않고 풀어보세요. 한 시간이 걸리든 두 시간이 걸리든 상관없습니다. 그렇게 해서 답을 구한다면 아마 어려운 수학문제에 대한 여러분의 태도가 달라지는 것을 느낄 수 있을 것입니다. 이러한 마음은 사고를 유연하게 만들어 창의성을 높여주고 스트레스에 대한 적응력도 강하게 합니다. 배움의 과정에서 생길 수밖에 없는 어려움을 극복하게 만들어주는 것이지요.

미국 플로리다에 아주 험한 고갯길이 하나 있었다. 그런데 사람들이 이 고갯길 앞에 당도하면 미리 겁을 먹고 돌아가는 바람에 이 고갯길은 패쇄 위기에 놓이게 되었다. 어느 날 누군가 고갯길 입구에 '당신도 할 수 있다' 라는 팻말을 세워 놓았다. 그 뒤로는 돌아가려던 차들이 이 팻말에 용기를 얻어 고갯길을 넘어갔다고 한다.

반복을 즐기기

옛날 대장장이들은 칼 한 자루를 만들 때도 담금질과 매질을 수백 번씩 반복했습니다. 철을 많이 두들겨야 더 단단하고 오래 쓰는 칼을 만들 수 있기 때문이지요. 지금은 기술이 발달해서 이 과정을 기계가 담당하고 있습니다. 하지만 여전히 장인들이 땀으로 만든 칼은 명품으로 대접받습니다. 장인으로 불리는 사람들은 끝없는 반복을 통해 어떤 기술을 자신과 하나로 만든 사람들이지요. 골프선수들이 스윙연습을 반복하는 것도 몸의 근육이 반복을 통해 스윙동작을 기억해야 매번 정확한 스윙을 할 수 있기 때문입니다.

특히 무언가를 처음 배울 때 반복은 빛을 발합니다. 저도 예전에 바이올린을 배운 적이 있습니다. 처음에는 활을 긋는 연습만 하는데 깽깽 소리만 반복해서 내는 것이 너무 지루했지요. 빨리 아름다운 곡을 연주하고 싶었습니다. 결국 활 긋기를 대충 끝내고 곡을 연주하면서 폼을 잡고 싶었지요. 쉬운 곡은 연주가 가능했지만 기본이 부족했던 탓에 곡의 수준이 높아지자 연주하기가 힘들어졌습니다.

공부에서도 반복은 여러분의 실력을 더 견고하고 단단하게 만듭니다. 그런데 주위를 살펴보면 어린 시절의 필자처럼 유난히 반복을 싫어하고 새로운 것만 좋아하는 친구들이 있습니다. 처음 배우는 내용은 그런대로 하는데 반복하는 것을 싫어해서 복습을 하지 않습니다. 머리가 좋은 친구라면 초등학교 때까지는 반복 없이도 그럭저럭 버틸 수 있습니다. 하지만 학년이 올라가고 학습량이 많아지면 반복 없이는 힘들어집니다. 우리 뇌 역시 반복을 통해 단기기억을 장기기억으로 바꿀 수 있지요. 그렇다면 반복을 싫어하는 태도를 어떻게 바꿀 수 있을까요?

첫 번째는 공부할 때마다 방법을 바꿔 지루함을 줄이는 것입니다. 예를 들어, 선생님의 강의를 통해 어떤 내용을 배웠다면 다음에 그 내용을 반복할 때는 마치 자신이 강사가 된 것처럼 친구에게 설명해주는 것입니다. 또 그 다음에는 노트 필기한 것을 소리 내어 읽거나, 그림으로 표현해보는 방법을 사용할 수도 있습니다. 같은 내용이라도 반복하는 방법을 달리하면 지루함을 줄일 수 있지요.

두 번째는 공부한 내용에서 자기가 아는 것과 모르는 것을 분명하게 구별하는 것입니다. 모르는 것은 상대적으로 새로운 것이기 때문에 반복하면서 지루함을 덜 느끼게 됩니다. 책에 아는 것과 모르는 것을 분명하게 표시해서 모르는 것 위주로 반복한다면 재미를 잃지 않을 수 있습니다.

실패조차도 배움의 과정이다

벼룩은 자기 몸의 수백 배로 뛰어 오를 수 있을 정도로 점프력이 좋기로 유명합니다. 이런 벼룩으로 실험을 하나 했지요. 유리컵을 준비하고 벼룩을 안에 넣습니다. 그럼 금세 껑충 뛰어서 유리컵 밖으로 도망가지요. 이번엔 유리컵 안에 벼룩을 넣고 뚜껑을 덮습니다. 처음처럼 껑충 뛰지만 이번에는 덮개에 부딪히고 말지요. 벼룩은 부딪히기를 반복합니다. 한참 후에 덮개를 제거한 후에도 벼룩은 덮개가 있던 높이만큼만 점프를 하고 그 이상 뛰지 않습니다.

누구든 실패를 원하는 사람은 없습니다. 동시에 누구든 실패를 피할 수 있는 사람도 없지요. 중요한 것은 실패에 어떻게 대처하느냐 입니다. 시험결과 때문에 낙담하고 자신에게 실망하여 공부를 놓아버리는 친구들이 있습니다. 물론 열심히 시험 준비를 하고 나름대로 기대했는데 결과가 좋지 않았다면 실망감을 견디기 힘들 것입니다. 다시 마음을 다잡고 열심히 공부하다가도 시험이 다가오면 불안과 두려움 때문에 결국 시험을 망치게 되는 경우도 있지요.

농구천재로 불리는 마이클 조던은 어떤 선수보다 많은 막판 슛을 성공시켜 팀에 역전승을 안겨준 선수로 알려져 있습니다. 재미있는 것은 그는 막판 슛을 가장 많이 실패한 선수이기도 하다는 것입니다. 아마 그가 막판 슛에 실패해서 팀이 패배하게 될 때마다 관중들의 야유와 팀원들의 실망이 그를 힘들게 했을 것입니다. 그냥 막판 슛을 시도하지 않을 수도 있었겠지요. 하지만 그는 포기하지 않았습니다. 실패를 두려워하지 않고 자신의 초라한 모습까지 부끄러워하지 않는 태도가 그를 최고의 선수로 만든 것입니다.

실패를 두려워하는 이유는 여러 가지가 있을 것입니다. 한번 실패하면 실패가 계속될 것이라는 근거 없는 믿음이 그 중 하나이지요. 어떤 친구들은 시험의 결과와 자신을 지나치게 동일시합니다. 시험을 망치면 자신의 인생도 망한다고 극단적으로 생각하는 것이지요. 주변의 시선과 기대를 너무 의식하는 경우에도 실패에 대한 두려움이 커지게 됩니다. 시험을 망치면 인정받지 못할 것이라는 염려가 너무 크기 때문입니다.

여러분이 이러한 생각을 가지고 있다면 그것은 실패에 대해 잘못알고 있는 것입니다. 실패는 끝이 아닙니다. 성공으로 가는 자연스러운 과정 중 하나일 뿐이지요. 실패를 두려워한다면 배움의 기회를 가질 수 없습니다. 실패에 대한 두려움은 잘못된 생각과 과거의 제한된 경험에서 나오는 왜곡된 감정입니다. 마치 도자기를 조심스럽게 옮기듯이 두려움을 내려놓아 보세요. 공부를 장기적인 관점으로 바라볼 수 있다면 실패나 패배까지도 가치 있다는 것을 알 수 있습니다.

어렵더라도 서두르지 말기

공부를 하다 보면 갑자기 어렵게 느껴지는 순간이 있습니다. 보통 초등학교에서 중학교로 올라갈 때나 중학교에서 고등학교로 올라갈 때 어려움을 많이 느끼지요. 물론 모두가 그런 것은 아니고 공부가 어려워지는 순간은 개인마다 다릅니다. 중요한 것은 이러한 순간이 올 때 슬럼프에 빠지지 않고 잘 대처하는 것이지요.

만약 여러분에게 이러한 순간도 온다면 혼자서 문제를 해결하려고 노력하지 말고 주변의 도움을 받기 바랍니다. 주변의 친구들과 이야기를 나눠보는 것도 도움이 됩니다. 어쩌면 여러분과 같은 고민을 하고 있을지도 모르는 일이니까요. 어렵다는 것을 새롭게 정의해보기 바랍니다. 어렵다는 것은 '할 수 없다' '불가능하다' 라는 뜻이 아닙니다. 단지 새롭고 익숙하지 않은 것입니다.

한 선생님이 자기 반 학생들에게 큰 종이를 주고 자신이 할 수 없는 일의 목록을 쓰라고 했다. 아이들은 제각각 자신이 할 수 없는 일에 대해 써나갔다.

'나는 팔굽혀펴기를 할 수 없다.'

'나는 세 자리 이상 나눗셈을 할 수 없다.'

'나는 과자를 하나만 먹고 참을 수 없다.'

목록이 완성되자 선생님은 종이를 상자 안에 담게 하고 아이들과 함께 운동장에 나갔다. 선생님은 삽으로 구덩이를 파고 상자를 그 안에 넣은 후 아이들에게 말했다.

"우리는 오늘 '할 수 없다'에게 마지막 안식처를 제공했습니다. 그가 죽었으므로 이제 그의 형제인 '할 수 있다'만이 남았지요."

그리고 선생님은 상자를 흙으로 잘 덮은 후 다음의 문구가 적힌 펫말을 세웠습니다.

"할 수 없다. 여기 편안하게 잠들다."

요즘 유행하는 선행학습도 여러분의 조급증에 불을 붙입니다. 물론 선행학습이 도움이 될 수 있겠지만 단지 남들처럼 하기 위해 선행학습을 할 필요는 전혀 없습니다. 적절한 시기에 적절한 내용을 배우는 것이 효율적인 공부입니다. 남들보다 일찍 배운다고 다 좋은 것은 아닙니다. 마음먹고 공부를 하려고 했는데 진도가 너무 늦은 것 같아 자신감을 잃는 친구들이 있습니다. 무리하게 진도를 맞추려다가 대충 공부하면서 시간만 낭비하는 친구들도 있지요. 진도를 맞추려고 대충 공부하면 했던 것을 다시 공부해야 하는 순간이 옵니다.

너무 빨리 성과를 내려는 조급증, 다른 친구들과 비교하면서 자신을 깎아내리는 자기학대를 경계하세요. 한걸음씩 꾸준히 정진하려는 태도를 가져야 합니다. 미국 프로야구 메이저리그의 전설적인 포수이자 최고 선수였던 요기 베라는 이렇게 말했습니다. "끝날 때까지는 끝난 것이 아니다." 목표를 향해 서두르지 않고 최선을 다했던 그의 불굴의 의지는 우리가 본받아야 할 태도입니다.

책임지려는 태도 갖기

간만에 공부하려는데 '열심히 하라'는 부모님의 잔소리가 의욕을 떨어뜨립니다. 시끄럽게 하는 동생 때문에 집중이 안 됩니다. 형이나 누나가 약 올리는 바람에 공부할 마음이 사라지기도 합니다. '공부 좀 하려고 하는데 왜 이렇게 나를 안 도와주나?'라는 불만이 생기지요. 사실 누구에게나 자신을 힘들게 하는 사람이 한두 명은 있기 마련입니다. 주변에서 자신을 힘들게 할 때마다 상대를 원망하고 그들에게 책임을 넘기면 어떻게 될까요? 자신의 책임이 아니니 공부를 안 해도 위안이 될 것입니다. 하지만 공부를 안 해서 손해 보는 사람은 동생이나 형이 아닙니다. 지금 여러분이 처한 상황은 스스로의 선택이라는 것을 알아야 합니다.

스카이다이버가 되기 위해서 가장 중요한 것은 무엇일까요? 높이에 대한 두려움 없애기? 멋진 낙하 자세? 모두 아닙니다. 가장 중요한 것은 자기 낙하산을 제대로 점검하는 법이지요. 스카이다이버라면 누구나 자기의 낙하산 장비를 직접 챙깁니다. 제아무리 날고뛰는 전문가라 해도 낙하산에 고장난 곳은 없는지, 조립은 제대로 되었는지 직접 꼼꼼히 확인하지요. 수천피트의 고공을 가르는 모험을 즐기는 그들이지만 다른 사람에게 낙하산 정비를 맡기는 모험은 할 수 없기 때문입니다.

여러분은 혹시 자신의 낙하산 정비를 다른 사람에게 맡기기로 선택하지는 않았나요? 그렇다면 낙하산에 문제가 생겨 사고가 난다 해도 그것은 여러분의 선택입니다. 지금 여러분이 처한 상황은 스스로 선택한 것임을 알아야 합니다. 책임지는 태도는 자신에게 선택권이 있다는 믿음을 가지고 있을 때 생깁니다. 스스로에게 책임을 부여하는 사람은 더 많은 권한을 갖게 됩니다. 권한이 있어야 스스로의 삶을 선택할 수 있습니다. 책임을 수용하고 스스로 선택권을 가짐으로서 모든 상황의 주인이 될 수 있습니다. 문제는 외부에서 발생하기 때문에 자신이 관리할 수 없다고 믿는다면 그것은 자신의 영역을 축소하는 패배자의 생각입니다. 책임을 지면 자신의 변화에 따라 주변도 함께 변하는 것을 경험하게 됩니다. 책임을 짐으로써 자신의 영역이 넓어지는 것은 정말 소중한 경험입니다.

평소에 사람들과 대화를 할 때도 책임감을 갉아먹는 표현을 사용하지 않도록 노력해야 합니다. 책임감을 갉아먹는 표현은 '나'가 아닌 '너'나 '우리'를 주어로 사용합니다. 그리고 '왜'라는 단어와 '때문에'라는 단어를 많이 쓰지요. 반면 책임감을 높여주는 문장은 '나'를 주어로 사용합니다. 모든 문제가 나의 책임이라는 생각으로 접근해야 자신이 원하는 결과를 얻을 수 있습니다.

• **잘못된 표현**

이번 시험은 선생님이 문제를 어렵게 냈어.

밖에서 떠드는 소리 때문에 집중할 수가 없어.

엄마는 왜 자꾸 잔소리를 하는 걸까?

- **제대로 된 표현**

이번 시험은 내가 준비가 부족했어.

밖에서 떠드는 소리가 들리니 내가 다른 곳에 가서 공부해야겠어.

내가 잔소리를 듣는 이유는 뭘까?

일찍 일어나 공부하려고 어머니에게 깨워달라고 했는데 일어나지 못했을 때, 친구가 노트를 빌려준다고 했다가 갑자기 마음이 변해 거절했을 때, 오늘 따라 버스가 오지 않아 학교에 지각했을 때, 내가 본 참고서와 문제집에서 유난히 시험 문제가 출제되지 않았을 때, 마음속에 원망이 생기고 불만을 터트리고 싶어집니다. 이것은 지극히 당연한 반응입니다. 하지만 본질적인 책임은 자신에게 있음을 잊지 마세요. 그래야 같은 실수가 되풀이 되지 않습니다. 기쁜 마음으로 자신에게 책임이 있음을 선택하는 사람은 항상 '성장과 성숙'이라는 선물을 받을 수 있습니다.

이런 태도는 안 돼!

미루는 태도

여러분 모두 한번쯤은 해야 할 일을 미뤄본 적이 있을 것입니다. 필자 역시 마찬가지입니다. 미루는 습관은 누구에게나 있는 고질적인 것입니다. 이유도 다양합니다. 힘들어서 미루고, 귀찮아서 미루고 더 재미있는 일이 있어서 미루지요. 미루는 태도가 습관이 되면 나중에는 아무 이유 없이 미룹니다. 공부도 미루다 보면 나중에는 하려고 해도 엄두가 나지 않는 괴물이 되고 맙니다. 한 현자는 미루는 태도를 '만성적인 사망'이라고 표현했습니다. 해야 할 일을 하지 않는 것은 죽어 있는 것이나 마찬가지라는 뜻이지요.

미루는 태도를 고치는 약은 '지금 바로' 해버리는 것입니다. 공부를 미루고 싶은 마음이 생긴다면 스스로에게 질문해보세요. '왜 지금은 안 되는데?' 타당한 이유가 떠오르지 않는다면 습관적으로 미루려는 것일 뿐입니다. 정말로 나중에 해도 되는 일이라면 언제 할 것인지 확실히 정해야 합니다. 미루는 태도는 자기도 모르게 생기므로 습관이 되지 않도록 조심하기 바랍니다.

냉소적인 태도

'배워서 뭐하나, 공부하는 것은 고생이다, 교육제도에 문제가 너무 많다, 학교 공부는 전혀 쓸모가 없다, 나중에 살아가는 데 전혀 도움이 되지 않는다.' 공부에 냉소적인 태도를 가지고 있는 학생들이 주로 하는 생각입니다. 이러한 태도는 공부나 선생님이 자신을 괴롭힌다고 생각하기 때문에 생깁니다. 자신에게 도움을 주고 자신이 필요로 하는 대상을 위협으로 여기는 것은 정말 비극적인 일입니다.

중학교 3학년인 영일이는 지능도 높고 집중력도 뛰어난데 공부를 하지 않았습니다. 그렇다고 특별히 하고 싶은 것이 있는 것도 아니었지요. 밖에서는 활발하고 사교적이었지만 집에서는 말이 없는 친구였습니다.

"영화보고 게임하는 것은 재미있지만 공부는 재미없잖아요. 물론 하긴 해야죠."

영일이는 공부를 해야 한다고 말하기는 했지만 실제로는 자신의 우선순위에서 가장 밑에 있었습니다. 공부에 대해 냉소적이었지요. 영일이가 공부에 대해 냉소적인 태도를 갖게 된 것은 부모와의 관계 때문이었습니다. 연구원인 어머니와 대학교수인 아버지 그리고 대학교수인 할아버지 덕분에 집안 분위기가 매우 학구적이었습니다.

거기까지는 좋았는데 어린 시절부터 할아버지가 집안의 독자인 영일이에게 공부의 중요성에 대해 지나치게 훈계한 것이 문제였습니다. 과도한 기대와 함께 공부의 필요성에 대해 철저히 정신교육을 받은 영일이는 오히려 정신적으로 공부를 멀리하게 되었습니다. 초등학교 졸업 무렵부터 공부에 대한 무언의 압박을 느끼면서 공부가 지겹다는 생각을 하게 된 것이지요.

외향적이고 사교적인 영일이의 성격도 한몫했습니다. 주위의 기대와 압박에서 탈출하고자 하는 욕구는 사춘기에 노골적으로 강해졌고 공부에 대해 점점 냉소적으로 변해갔지요. 누구도 영일이를 설득할 수 없었습니다. 도통 대화를 하려 하지 않았으니까요. 필자를 찾아와서도 태도를 바꾸지 않아 필자뿐 아니라 가족들도 무기력하게 느꼈지요. 할 수 있는 일은 영일이가 자신을 제대로 이해할 수 있기를 기다리는 것뿐이었습니다.

우리는 모두 자신에게 솔직해야 합니다. 어설프게 자신을 속이면서 시간을 보내면 태도는 변하지 않습니다.

좋은 태도를 가지려면

80년대를 풍미했던 농구스타 이충희 선수는 슛 감각을 잃지 않기 위해 잘 때도 농구공을 끌어안고 잤다고 합니다. 피아노나 바이올린 연주자들도 연주의 감을 잃지 않기 위해 하루라도 악기를 만지지 않는 날이 없지요. 마찬가지로 좋은 태도를 유지하는 데도 나름의 연습과 훈련이 필요합니다. 우선 다음 질문들에 답해보세요. 본인에게 필요한 질문이 있으면 추가해도 좋습니다.

1. 진심으로 공부를 받아들이려고 하는가 아니면 나도 모르게 공부를 밀어내고 있는가?
2. 나의 뇌는 평온한가? 혹시 화나 미움이 많지는 않은가?
3. 나는 배움의 기쁨과 성취감을 느끼고 싶어 하는가?
4. 배움에 나의 에너지를 기꺼이 사용할 준비가 되어 있는가?

5. 힘든 문제가 있더라도 가능성을 믿고 마음을 열어놓는가?

6. 결과에 대한 불안으로 마음이 닫혀 있지는 않은가?

7. 공부의 과정은 모두 나의 선택임을 받아들이고 스스로 책임질 자세
   가 되어 있는가?

위의 질문에 모두 대답해보았나요? 그럼 어떤 태도를 가져야 하고 어떤 태도를 버려야 하는지 적어보세요.

내가 가져야 할 태도

내가 버려야 할 태도

이제 매일 리스트를 보면서 태도에 대해 생각하고 태도를 가다듬는 시간을 가져야 합니다. 처음에는 시간이 걸리겠지만 습관이 되면 하루에 3분 정도로도 충분합니다. 이 시간은 자신과 대화할 수 있는 시간이자 스트레스를 풀 수 있는 시간이기도 하지요.

마지막으로 연상을 통해 이미지 트레이닝을 합니다. 이미지 트레이닝 아래의 3단계를 따릅니다.

1단계 : 최근 가장 공부가 잘 될 때를 떠올리며 그때의 기분을 느껴본다.

2단계 : 집중이 잘 될 때를 떠올리며 그 상태를 연상한다.

3단계 : 천천히 숨을 고르고 깊게 내쉬면서 마음을 열고 차분하고 고요한 기분을 느낀다.

열정은 공부 에너지를 100% 충전한다

가능성의 뜨거운 힘

여러분 〈록키〉라는 영화를 알고 있나요? 아마 이 영화를 생각하면 가장 먼저 떠오르는 인물이 주인공이었던 실베스터 스탤론일 것입니다. 하지만 〈록키〉의 시나리오를 쓴 사람이 실베스터 스탤론이라는 것을 알고 있는 사람은 많지 않습니다. 실베스터 스탤론은 1976년에 처음 〈록키〉의 시나리오를 썼습니다. 그리고 자신이 주인공으로 출연하는 조건으로 500개가 넘는 영화사를 찾아 다녔지만 모두 거절당했지요. 하지만 그는 포기하지 않았습니다. 결국 천여번의 거절 끝에 영화를 만들어줄 제작사를 찾았지요. 이 영화로 실베스터 스탤론은 세계적인 스타가 되었습니다.

여러분 천여번이 넘는 거절을 상상할 수 있겠어요? 실베스터 스탤론

이 그토록 많은 거절에도 좌절하지 않고 계속 도전할 수 있었던 힘을
무엇이었을까요?

> "열정만큼 영향력이 있는 것은 없다. 그것은 돌을 움직이고 짐승 같은 인간
> 을 감동시킨다. 열정은 성실성의 천재며, 열정이 없는 진실은 아무런 승리
> 도 성취하지 못한다."
>
> –에드워드 조지 얼 *Edward George Earle*

네, 바로 열정입니다. 우리가 공부를 잘 하기 위한 마지막 일곱 번째
마음상태이지요. 마음은 정말 대단한 힘을 가지고 있습니다. 우리는
마음 상태에 따라 무엇이든 이룰 수 있는 가능성을 가지고 있습니다.
자신의 마음을 이해하고 자신에 대한 믿음을 가진 사람들이 그 가능성
을 현실로 만들 수 있지요. 작년에 실베스터 스탤론은 62세의 나이에
또다시 〈록키 발보아〉를 통해 복서를 연기했습니다. 열정만 있다면 나
이도 문제가 되지 않는 것입니다. 여러분도 자신을 이해함으로써 그런
가능성에 도전해보았으면 좋겠습니다.

우리가 여러 가지 마음의 온도를 잴 수 있다면 열정은 가장 높은 온도
를 가진 마음일 것입니다. 여러분도 뭔가에 열정적으로 몰두해있는 사
람의 주위에서 어떤 열기 같은 것을 느낀 적이 있을 겁니다. 이처럼 열정
은 모든 활동의 기본이 되는 마음의 에너지이며 활활 타오르는 자원입
니다. 마음속의 에너지가 없다면 배터리가 나가기 직전의 핸드폰이나

기름이 바닥난 자동차와 같을 겁니다. 더 이상 앞으로 나아갈 수 없지요.

반면 열정이 없으면 스스로를 움직일 힘이 없어 무기력한 상태에 빠지게 됩니다. 소위 '귀차니즘'에 빠져 버리는 것이지요. 열정이 없다면 동기나 목표를 의식하고 유지하는 것도 어려워집니다. 필자가 학생들과 처음 만날 때 가장 먼저 물어보는 것이 있습니다. 그것은 공부나 학교생활에 대한 것이 아닙니다. 친구관계나 가족관계도 아닙니다. '네가 무엇을 좋아하느냐, 또 얼마나 좋아하느냐' 입니다.

열정이 있는 사람은 행동합니다. 열정이 있으면 생각하고 움직이려 합니다. 공부에 필요한 호기심도 열정에서 나오는 것이지요. 또한 우리가 어떤 행동을 하면 항상 어떤 결과가 생깁니다. 물론 그 결과가 나쁠 수도 있습니다. 하지만 그것은 전혀 문제가 되지 않습니다. 마음속에서 열정이 타오르는 사람은 다시 일어날 힘이 있기 때문이지요. 설사 게임에 빠져 있더라도, 친구들과 노는 것만 좋아하더라도, 좋지 않은 무엇인가에 빠져 있더라도 열정이 살아 있다면 괜찮습니다.

열정은 그 자체로 가능성입니다. 절망보다는 분노가 낫고 무기력보다 짜증이 낫습니다. 분노나 짜증은 그래도 나름의 에너지를 가지고 있으니까요. 우리가 정말 걱정해야 하는 것은 열정이 없는 무기력한 상태입니다. 의미를 찾지 못하고 모든 일을 귀찮아하는 것이야말로 경계해야 합니다. 이번 장에서는 열정은 어디에서 어떻게 생기고, 왜 열정이 식어 가는지, 열정을 유지하기 위해 어떤 노력을 해야 하는지 함께 생각해보고자 합니다.

열정은 나의 힘!

노력은 천재의 또 다른 이름입니다. 하지만 많은 친구들이 머리가 좋다는 얘기를 듣고 싶어 합니다. 성적이 잘 나왔을 때 '역시 머리가 좋구나!' 라는 칭찬을 들으면 기분이 으쓱해지지만, '노력파구나' 라는 말은 그다지 좋아하지 않습니다. 머리가 좋다는 것이 뭔가 특별한 능력을 타고났다는 느낌을 주기 때문에 그런 것일지도 모르겠습니다. 아니면 '노력파는 타고난 사람을 결코 이길 수 없다' 라는 생각때문일지도 모르지요.

만약 이런 생각을 가진 학생이 있다면 그것은 잘못 알고 있는 것입니다. 노력도 재능이기 때문입니다. 아무나 어떤 일에 집중하고 노력할 수 있는 것이 아닙니다. 열정이 뒷받침된 노력이 있을 때만 가능한 것이지요. 여러분도 발명왕 에디슨에 대해 알고 있을 겁니다. 그는 사람들에게 밤에도 빛을 제공하겠다는 하나의 아이디어를 실현하기 위해 천여 종이 넘는 대나무로 전구 필라멘트 실험을 했습니다. 에디슨이라는 천재는 정말로 '1%의 영감과 99%의 노력' 으로 탄생한 것입니다.

열정은 마음을 움직이는 에너지라고 했습니다. 하지만 이 에너지 중에는 좋지 않은 것도 있지요. 대표적인 것이 충동입니다. 열정과 충동은 둘 다 에너지이지만 성질은 전혀 다릅니다. 열정은 오래가지만 충동은 순간적입니다. 열정은 인내심이 있지만 충동은 참을성이 없습니다. 열정은 사람을 기쁘게 만들고 성취감을 주지만 충동은 죄의식이나 부끄러운 감정을 남깁니다. 열정은 자존감을 높여주지만 충동은 자존감을 손상시킵니다. 양질의 에너지인 열정은 잘 가꾸고 지켜야 하지만, 충동은 불안정하고 폭발적인 불량 에너지이므로 잘 관리하고 다스려야 합니다.

열정이 식어버리는 이유

모든 에너지가 그렇듯이 열정도 개인에 따라 적절한 용량과 한계를 가지고 있습니다. 열정을 과다하게 사용하거나 잘못 사용하면 석유가 고갈되듯이 마음의 자원과 에너지도 고갈되어 결과적으로 열정이 식어버립니다.

열정이 식어버리는 첫 번째 원인은 감정입니다. 감정은 열정의 원천입니다. 감정을 잘못 사용하거나 감정을 처리하는 데 불필요한 에너지를 소모하면 열정이 식어버립니다. 감정이 불안정하면 에너지가 잘 생기기 않습니다. 기분이 우울하거나 가라앉아 있다면 당연히 무기력해지며 열정이 생기기 어렵습니다.

너무 불안해도 마찬가지입니다. 불안은 그 자체로 많은 에너지를 소모합니다. 시험 때문에 너무 불안하거나 친구관계에서 불안이 생기면 공부하려는 열정이 잘 생기기 않습니다. 어떤 친구들은 누구도 알 수 없는 막연한 미래에 대한 걱정으로 하면서 자신의 에너지를 다 써버려

현재의 문제에 집중하지 못합니다.

때로는 '친구들이 나를 어떻게 볼까? 이런 얘기를 하면 나를 이상하게 생각하지 않을까? 나를 싫어하면 어떻게 할까?' 라는 식으로 다른 사람을 너무 의식하는 것에 에너지를 낭비하기도 합니다. 마음속에 화가 많아도 에너지를 소모하게 됩니다. 짜증이 나면 에너지가 모이지 않습니다. 공부를 하려고 마음을 먹었는데 '열심히 공부하라' 는 부모의 얘기를 듣자마자 공부에 대한 열정이 확 식어버리는 것은 짜증과 화 때문이지요.

열정이 식어버리는 두 번째 이유는 자기조절능력의 부족입니다. 재미나 친구관계에 너무 많은 에너지를 소모해버리면 열정을 유지하기 어렵습니다. 순간의 재미나 자극을 탐닉하는 습관은 열정을 죽입니다. 무엇인가를 좇아서 지나치게 탐닉하고 흥분하다 보면 순간순간 에너지를 폭발적으로 사용하게 되고 허탈감과 무력감이 찾아옵니다. 자극적인 게임에 몰두하다가 그만두었을 때 허탈해지는 것을 경험한 적이 있을 것입니다. 자극을 처리하느라 에너지가 고갈되기 때문에 생기는 현상입니다. 게임을 한 직후에는 공부를 하려고 해도 의욕이 별로 생기지 않고 집중이 어렵지요. 재미나 자극은 모두 충동이 튀어나와서 생기는 것들입니다. 충동이 자기의 주인이 되면 양질의 에너지는 줄어들 수밖에 없습니다. 주객이 전도되는 것이지요.

열정이 식어버리는 세 번째 이유는 잘못된 습관입니다. 마음의 에너지를 사용하는 방법을 모르거나, 계속 소모만 하고 충전하지 않는 습관을 가지고 있으면 열정을 유지하기 어렵습니다. 자원을 잘 관리하지 못하면 금방 바닥이 드러나는 것과 같은 이치입니다. 적절한 휴식과 열정의 재충전을 위한 좋은 습관을 가져야 합니다.

네 번째 이유는 공부에 많은 빚을 지고 있는 것입니다. 무슨 말이냐고요? 공부를 소홀히 하다 보면 진도가 밀리거나 해야 할 숙제를 다 끝내지 못하는 경우가 있습니다. 이 모든 것이 공부에 대한 빚이지요. 이렇게 빚이 쌓여 있으면 '이미 밀렸는데 더 밀린다고 뭐가 달라지겠어'라는 생각이 들고 더 공부가 하기 싫어지지요. 고생스럽더라도 밀려 있는 부분을 최대한 빨리 따라잡도록 해야 합니다.

처음에 빚을 갚아가는 과정은 힘들 수 있습니다. 공부한 만큼 성과가 나오지 않아 실망할 수도 있지만 용기를 잃지 말아야 합니다. 대나무의 성장을 예로 들어 볼까요? 대나무는 씨를 뿌리면 4년 동안은 전혀 자라지 않습니다. 그래도 농부는 4년 동안 물을 주고 대나무 씨를 돌보지요. 마침내 4년이 지나면 싹이 땅을 뚫고 올라오는데 90일 만에 20m가 자란다고 합니다. 일단 빚을 청산하면 좋은 결과를 보게 될 것입니다.

이런 이유로 서서히 열정이 식다보면 자기도 모르게 만성적인 무기력과 게으름이 습관이 되어버립니다. 여러분도 열정이 식어가고 있는 것은 아닌지 스스로 점검해보는 것이 좋겠지요.

1. 나는 지금 얼마나 공부를 하고 싶나?

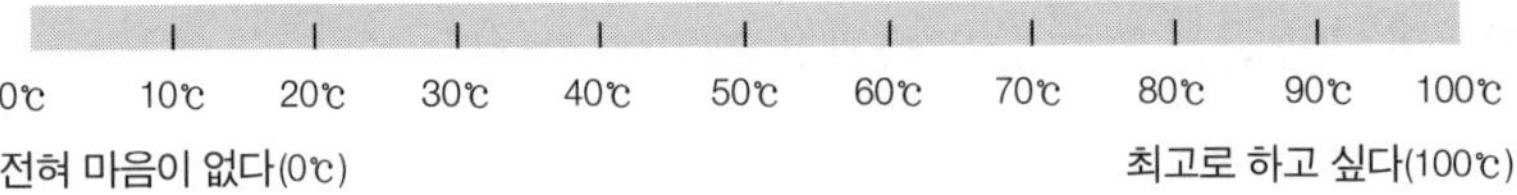

2. 최근 일주일간 공부에 대한 나의 열정은 평균 몇 도였나?

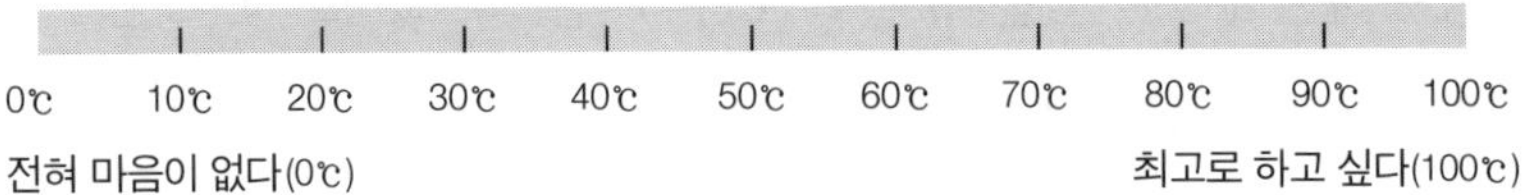

※ 30도 이하 : 열정이 없고 에너지가 고갈된 상태
　 30~60도 : 미지근한 상태로 공부하기에는 부족한 상태
　 60~80도 : 공부하기에 적절한 상태
　 80도 이상 : 너무 뜨거워 화상의 위험이 있으니 휴식이 필요한 상태

열정이 사라지고 슬럼프가 찾아온다면?

열정을 가지고 최선을 다하다가도 잘되지 않을 때가 있습니다. 왠지 공부가 하기 싫은 마음이 생기고 집중이 잘 안 되며 일이 잘 풀리지 않는 느낌이 듭니다. 소위 말하는 슬럼프가 찾아오는 것이지요. 누구도 슬럼프를 겪고 싶어 하지는 않지만 슬럼프를 경험하지 않은 사람은 단 한 사람도 없습니다. 초대하지도 않는 슬럼프는 왜 찾아오는 것일까요?

슬럼프가 생기는 가장 흔한 이유는 에너지를 많이 써서 열정의 온도가 낮아지는 것입니다. 한마디로 지치는 것이지요. 지나치게 에너지를 많이 사용해서 남아 있는 자원이 별로 없으니 좀 쉬라는 신호를 보내는 것이 슬럼프인 셈입니다. 핸드폰 배터리의 충전신호와 같은 것입니다.

충분한 에너지가 있지만 에너지의 방향이 달라질 때도 슬럼프가 찾아옵니다. 공부이외에 관심을 끄는 새로운 무엇인가가 생기는 것이지요. 이성친구나 호기심을 자극하는 새로운 취미가 그런 예입니다. 그런데 관심 대상이 급격히 바뀌고 몰두하는 대상이 새로 생기는 것은 마음속에 어떤 변화가 생긴 것이 이유인 경우가 많습니다. 대개 권태나 지루함 혹은 가벼운 우울함 같은 마음의 변화이지요. 그러므로 특별한 이유가 없는데 슬럼프가 찾아왔다면 자신도 모르는 어떤 마음에 변화가 생긴 것은 아닌지 살펴봐야 합니다.

슬럼프가 생기는 또 다른 이유는 마음속에 부정적인 에너지가 많아졌기 때문입니다. 어떤 이유로 강한 적대감이나 분노가 생겼거나 심리적 갈등이 많은 경우에 그렇습니다. 부모님과 사이가 좋지 않거나 이성친구 문제 등으로 갈등이 있는 경우가 대표적이지요. 부정적 에너지는 자신이 가고 있던 방향과 반대로 가고 싶은 일종의 반항심을 만들어냅니다.

슬럼프를 극복하기 위해서는 원인을 파악해서 상황에 맞게 대처해야겠지만 일단은 적절한 휴식을 취해야 합니다. 너무 조바심을 내거나 불안해하면서 슬럼프를 너무 의식하고 빨리 없애려고 할 필요는 없습니다. 하나의 과정으로 차분하게 받아들이고 상황을 잘 지켜보는 마음의 여유가 필요합니다. 슬럼프에 빠져 있는 자신을 잘 관찰하는 것도 좋습니다. 그 동안 얼마나 노력했는지, 에너지는 얼마나 소모했는지, 재충전하는 좋은 방법은 무엇인지 등에 대해 천천히 생각해보는 시간을 가져보세요.

슬럼프 기간에는 공부시간을 늘리기 보다는 적절한 운동으로 체력을 보강하는 것도 좋은 방법입니다. 공부도 새로운 내용을 공부하기보다는 알고 있는 내용을 반복하거나 개념을 정리하는 것이 유익합니다. 혹시 단순한 에너지의 고갈이 아니라 마음속의 변화가 원인이라면 상담시간을 갖는 것도 많은 도움이 될 것입니다.

열정을 유지하는 비결

중학교 3학년인 선미라는 학생이 있었습니다. 예쁘고 웃는 표정이 귀여워 고민이라고는 전혀 없을 것 같은 친구였지요. 그런데 첫인상과 달리 얘기를 시작하면서 선미의 표정이 점점 어두워지더니 눈물을 흘리기 시작했습니다.

"친구들과 있으면서 항상 웃지만 속으로는 답답하고 울고 싶거나 화가 날 때도 많아요. 얼마 전부터 왠지 짜증이 나고 매사에 의욕이 없어 공부하고 싶은 마음도 들지 않고요."

자신과 주변 사람들을 사랑하기

선미의 문제는 열정이 식어버린 것이었습니다. 왜 최근 들어 열정이 식고 의욕이 떨어졌는지 궁금하지 않을 수 없지요. 선미에게는 두 살 위의 오빠가 있는데 오래전부터 엄마가 자신과 오빠를 차별한다고 느끼고 있었습니다. 똑같이 잘못을 해도 오빠에게는 관대하지만 자신만 혼이 나서 기분이 나쁘다고 했지요. 그러면서도 엄마가 주변 사람들에게 항상 자기를 착한 딸로 소개해서 사람들을 대할 때마다 신경이 쓰인다고 했습니다. 선미는 엄마가 자신을 인정하지 않는다고 생각하고 있었습니다. 그래서 자신의 마음을 엄마에게 그대로 표현할 수 없었죠. 자신이 남자였으면 어땠을까 하는 생각을 하기도 했다고 합니다.

부모와의 관계가 불편했지만 그럼에도 주변에 좋은 인상을 줘야 했던 선미는 자신의 감정을 숨기는 것을 배우게 되었습니다. 이 때문에 자신에 대해 혼란을 느끼게 되었지요. 감정을 억누르고 사용하지 않다 보니 점차 열정과 에너지가 줄어들게 되었고 친구들과의 관계에서도 자신을 드러내는 것이 점점 어려워졌습니다.

선미는 "내가 얘기를 잘못해서 아이들이 상처를 받는 것이 걱정이 되요. 얘기를 했는데도 내 마음을 이해해주지 않고 오히려 무시당하는 것도 두렵고요"라고 했습니다. 그러다보니 항상 친구를 이해하고 문제를 들어주는 '좋은' 친구 역할만 하면서 끌려 다니고 있었지요. 문제를 회피하자 겉으론 별 문제가 없는 것처럼 보였지만 점차 자신감이 떨어지고 우울해질 수밖에 없었습니다.

선미의 과제는 불편한 속마음과 억지로 웃는 겉모습 사이의 거리를 좁히는 것이었습니다. 여러 차례의 상담을 통해 사람들과의 관계보다는 자신에게 집중할 수 있게 되었지요. 또한 편안하게 자신의 감정을 드러내는 경험도 할 수 있었습니다. 적절하게 감정을 느끼고 사용하면서 선주의 열정은 다시 되살아났지요.

사람들은 주변 사람들과의 좋은 관계에서 에너지를 얻습니다. 사랑에 빠지면 못할 것이 없으며, 어머니의 애정만큼 위대한 것은 없다고 말하는 것도 이 때문이지요. 열정을 유지하기 위해서도 주변 사람들과 좋은 관계를 유지해야 합니다. 가족들과 친구들, 선생님들과의 관계에 기본적으로 문제가 없어야 하지요. 사람들과의 관계에서 생기는 시기·질투·미움·분노 두려움은 에너지를 소모시킵니다. 만약 어떤 사람과 대화하고 나서 왠지 지치고 피곤하다면 에너지가 소모되는 것입니다. 이렇게 에너지를 소모시키는 사람이 만나지 않아도 되는 사람이라면 굳이 만날 필요가 없습니다. 피할 수 없는 사람이라면 관계를 개선하기 위한 노력이 필요하겠지요. 가장 좋은 방법은 나 스스로 좋은 사람이 되는 것입니다. 내가 괜찮은 사람이 되고 마음속에 불편함이 없으면 사람들과의 관계도 좋아질 수 있습니다.

열정은 사랑에서 나옵니다. 주변 사람들을 사랑하는 마음도 가져야 하지만 무엇보다 자신을 사랑해야 합니다. 자신을 사랑하는 사람은 자존감이 높습니다. 스스로를 귀하게 여기는 마음이 있다는 것이지요. 만약 내가 나를 사랑하지 않으면 다른 사람도 나를 사랑하지 않습니다.

다른 사람과 좋은 관계를 유지하기도 어렵습니다. 자신을 사랑하지도 않는데 자신을 위해 열정을 가지는 것은 더욱 어렵습니다. 공부는 부모나 친구, 사회, 학교를 위해서 하는 것이 아닙니다. 공부는 자신을 위해서 하는 것입니다. 스스로를 소중히 여기고 사랑하려는 마음을 잃지 않아야 합니다.

그렇다면 자신을 사랑하지 못하는 이유는 무엇일까요? 만약 주위 사람들로부터 인정을 받지 못하면서 성장했다면 자존감이 낮기 쉽습니다. 가족이나 친구들과 갈등이 많아 마음속에 나쁜 감정이 많으면 스스로를 벌주고 싶은 마음이 생길 수도 있습니다. 이것은 자신을 사랑하지 못하게 만듭니다. 자신을 살펴보면 마음에 들지 않는 부분이 보일 것입니다. 외모와 성격, 성적, 생각 등에 불만이 있을 수 있습니다. 하지만 사람은 누구나 나름의 개성과 가치를 가지고 있다는 것을 잊어서는 안됩니다. 마음에 들지 않는 것은 자신에 대한 개념이 잘못되어서 그런 것입니다. 자신을 있는 그대로 받아들이지 못하고 다른 사람의 기준과 잣대로 자신을 보기 때문입니다.

무엇보다 자신을 있는 그대로 바라보고 받아들이려고 노력해야 합니다. 있는 그대로 받아들이면서도 변화와 발전을 위한 가능성은 열어놓는 것이 중요합니다. 세상에는 나무의 종류만해도 수백 가지입니다. 그리고 모든 나무는 고유의 장점과 특성을 가지고 있습니다. 소나무가 대나무를 부러워한다고 대나무가 될 수는 없습니다. 그러나 소나무 중에서 멋있는 소나무가 될 수 있겠지요. 곧고 푸르며 뿌리 깊은 소나무가 될 수 있습니다. 자신의 모습이 다른 사람과 다르다고 부러워하거나 실망할 필요는 없습니다. 자신의 모습을 받아들이고 아끼며 발전시키다 보면 반드시 보다 나은 존재가 될 것입니다.

열정이 식어버린 친구들은 대부분 감정을 드러내지 못하고 자신을 표현하지 못합니다. 대부분은 마음속의 감정을 나쁘거나 심하게 불편한 것으로 여기기 때문입니다. 그러나 감정은 표현하지 못하면 상황은 더 나빠진다는 것을 기억해야 합니다. 특히 지금 자신의 열정이 식어버린 상태라면 자기를 표현하고 감정을 드러내려고 노력할 필요가 있습니다. 표현하지 않으면 에너지의 원천인 감정을 사용하지 않는 것입니다.

팔이나 다리에 골절이 생겨 깁스를 한 친구를 본 적이 있을 것입니다. 4주간 깁스를 했다가 풀면 눈에 띄는 두 가지 변화를 볼 수 있습니다. 하나는 털이 많아지는 것이고 또 하나는 깁스한 부위의 근육이 줄어드는 것입니다. 근육을 사용하지 않아서 근육이 위축되고 줄어든 것이지요. 감정도 사용하지 않으면 위축되고 더불어 에너지도 줄어들게 됩니다.

청소년기는 자신에 대한 확신이 부족한 시기입니다. 당연히 다른 사람의 시선과 말에 영향을 받기 쉽습니다. 특히 예민한 성격이나 의존적인 성격일수록 그러기 쉽습니다. 부모의 요구, 친구들의 의견, 선생님의 평가 등은 모두 자신의 모습에 많은 영향을 줍니다. 나의 얘기를 어떻게 받아들일까, 친구들이 나를 싫어하지 않을까 인정을 받지 못하는 것 아닐까' 하는 생각이 머리에서 떠나지 않을 수 있습니다. 그러나 외부의 시선에 지나치게 신경을 쓰다보면 염려와 불안이 많아지고 에너지가 소모됩니다. 자신의 가능성을 믿고 자신을 생각의 중심에 두어야 합니다. 주객이 전도되지 않아야 합니다. 주변의 시선에 의해 내가 존재하는 것이 아닙니다. '내가 이 세상의 중심이다' 라는 생각을 가지세요.

뇌를 보호하고 신체리듬 활용하기

열정을 유지하기 위해서는 뇌를 잘 보호해야 합니다. 뇌가 혹사당하면 열정을 유지하기 어렵습니다. 우리는 원하지 않아도 강한 자극에 노출될 수밖에 없는 자극의 홍수시대에 살고 있습니다. 이미 우리의 뇌는 다양하고 강렬한 자극에 노출되어 많이 지쳐 있습니다. 컴퓨터와 인터넷, 각종 오락프로그램, 동영상, 전화소리, 음악소리 등 심해지면 심해졌지 더 줄어들고 있지는 않지요.

강력한 자극은 뇌를 흥분시키고 에너지를 소모시켜 우리의 집중력을 빼앗아갑니다. 우리도 모르게 뇌는 불안정해지고 열정을 유지하기 어려운 환경이 됩니다. 이러한 상황에서 우리가 할 수 있는 일은 지혜롭게 자극을 적절히 차단하는 것과 자기 시간의 진정한 주인이 되는 것입니다. 너무 많은 자극에 노출되는 것을 경계하고 주어진 시간을 어떻게 보낼지 고민해야 합니다.

게임이나 오락프로그램 같은 강력한 자극에 자신을 노출시킬 때는 두 가지를 잊지 않아야 합니다. 첫째는 시간을 정해놓고 즐기는 것입니다. 시작하기 전에 언제까지 할 것인지 자신과 분명히 약속을 해야 하고 또한 지켜야 합니다. 두 번째는 게임을 하고 나서 뇌를 회복시켜야 한다는 것입니다. 운동선수들은 격렬한 운동을 한 후에 가벼운 달리기나 정리체조로 몸을 풀어주는 회복운동을 합니다. 부상을 방지하고 근육을 보호하기 위해서이지요. 마찬가지로 게임이나 다른 강한 자극에 한 시간 이상 뇌가 노출되었다면 회복을 위한 시간을 갖는 것이 좋습니다. 10분간 천천히 걷기와 스트레칭, 복식호흡 등이 도움이 됩니다.

우리 몸에는 생체리듬이 있습니다. 때가 되면 잠을 자고 밥을 먹으며 화장실에 가는 행동들도 모두 생체리듬을 따라 일어나는 것이지요. 공부에도 나름의 리듬이 있습니다. 잘되는 시간이 있는가 하면 졸리거나 잡념이 많은 시간이 있습니다. 중요한 것은 잘되는 시간에 집중하는 것이며 잘되지 않을 때는 적절한 휴식을 갖는 것입니다. 매순간 최대한 집중하며 열정적으로 생활하기란 어렵습니다. 마치 파도를 타듯이 리듬을 탈 줄 아는 것이 열정을 유지하는 방법입니다.

리듬에서 가장 중요한 것은 수면-각성리듬인데, 가장 졸리는 시간과 머리가 가장 맑은 시간의 주기입니다. 개인차가 있겠지만 새벽 2~3시와 오후 3~4시경이 가장 졸리는 시간입니다. 이러한 수면 주기에 따라 우리 몸의 호르몬 분비가 달라지고 뇌 기능에도 많은 차이가 납니다. 따라서 자신에게 맞는 리듬을 찾아서 가장 잘되는 시간에 집중

적으로 공부하고 지치는 시간에 휴식을 취하면 에너지를 저축하고 열
정을 유지할 수 있습니다.

휴식의 기술

효율적인 공부는 적절한 긴장감을 갖고 최대한 집중해서 공부하며
휴식을 취하는 과정을 반복하면서 이루어집니다. 반대로 지나치게 긴
장하거나 욕심을 부려 휴식 없이 공부하다보면 집중력이 떨어지고 금
방 에너지가 소진되어버리지요. 우리는 적당한 휴식으로 마음과 뇌의
기능이 회복되는 것을 기다릴 줄 알아야 합니다. 전진을 위한 '행복한
멈춤' 이야말로 열정을 유지하는 데 반드시 필요한 기술입니다.

휴식은 단순히 아무것도 하지 않고 시간을 보내는 것이 아니라 충분
한 회복을 의미합니다. 우선 휴식 시간이 낭비라는 생각을 버려야 합
니다. 휴식은 낭비가 아니라 투자입니다. 에디슨은 휴식에 대해 다음
과 같이 말했습니다. "내가 80세인데도 하루도 쉬지 않고 연구를 계속
할 수 있는 비결을 아십니까? 나는 쓸데없는 일로 나를 피곤하게 만들
지 않습니다."

적절한 긴장과 최대한의 집중, 충분한 휴식을 조화롭게 결합해서 반
복하다보면, 에너지를 사용하고 집중력을 유지하는 능력이 커지는 것
을 경험하게 됩니다. 이 같은 원리는 운동선수들의 지구력과 순발력을
높이는 데도 사용됩니다. 히딩크 감독의 파워프로그램이 대표적이지
요. 일정 구간을 전속력으로 달렸다가 잠깐 쉬고 다시 전속력으로 달렸

다가 쉬는 것을 반복하는 프로그램입니다. 이는 축구 대표팀의 체력과 에너지 수준을 한 단계 높이는 데 기여한 것으로 알려져 있습니다.

그렇다면 얼마동안 공부하고 얼마동안 쉬는 것이 적당할까요? 공부시간과 휴식시간은 각자의 능력에 맞게 정해야겠지만, 공부시간은 40~50분 사이가 적당합니다. 평소 집중하는 시간이 짧은 편이라면 공부하는 시간을 20~30분 정도로 줄여서 시작해도 됩니다. 공부시간이 끝나면 10분 내외로 일정한 휴식시간을 가집니다. 휴식시간에는 그냥 편안하게 자신을 놔두고 쉬는 것이 좋습니다. 편안한 음악 듣기와 가벼운 스트레칭, 천천히 걷기는 빠른 회복을 도와줍니다. 이 같은 과정을 반복하다 보면 자신만의 리듬을 발견할 수 있습니다.

휴식할 때 무엇을 하는가는 회복의 정도를 결정하는 중요한 요소입니다. 휴식할 때의 활동이 공부와 너무 동떨어져서 휴식과 공부가 정신적으로나 신체적으로 연속성을 갖지 못한다면 휴식이 에너지를 만들지 못할 수 있습니다. 흔히 휴식시간에 게임이나 컴퓨터를 하곤 합니다. 그런데 게임을 많이 하거나 텔레비전을 오래 보고 나서 곧바로 공부를 시작할 수 있나요? 충분히 쉰 것 같지만 그전보다 더 집중이 안되고 머릿속이 산만해서 공부하기 어려웠던 경험이 있을 것입니다.

에너지의 재충전을 위해서는 공부와 완전히 단절된 휴식은 좋지 않습니다. 정적인 것을 좋아하는 사람이라면 음악 듣기, 누워 있기, 복식호흡 등이 좋고, 활동적인 사람이라면 스트레칭, 천천히 걷기, 자전거 타기, 계단 오르내리기, 청소하기, 정리하기 등 가볍게 몸을 사용하는 것이 좋은 휴식 방법이 될 수 있습니다.

공부와 휴식의 적절한 반복은 특히 시험기간에 그 빛을 발합니다. 몇 일간 계속되는 시험은 큰 스트레스로 작용하고 부족한 수면은 우리를 지치게 합니다. 따라서 시험기간을 앞두고 평소 충분한 휴식과 체력단련으로 에너지를 모아두는 것이 좋습니다. 보통 중간고사나 기말고사 기간이 3~4일 정도 되는데 첫날부터 밤을 새우거나 무리하면 남은 시험일정을 망칠 수 있습니다. 또한 에너지를 소모하는 시험에 대한 지나친 불안이나 걱정은 마음속에 자리 잡지 못하도록 특별히 경계해야 합니다.

평소에는 목표를 세우고 그것을 염두에 두어야 하지만 시험기간에는 너무 목표를 생각할 필요가 없습니다. 여러분이 애써 노력하지 않아도 이미 충분히 의식하고 있기 때문입니다. 시험기간일수록 가벼운 마음을 가지려고 해보세요. 책을 보다가 집중이 안 된다면 잠시 중단하고 깊이 숨을 들이마시는 것이 좋습니다. 잠깐의 호흡과 명상을 통해서 일종의 회복훈련을 하는 것입니다.

상담하러 오는 학생들 중에 낮잠을 자야 하는지를 묻는 친구들이 있습니다. 낮에 많이 졸린다면 당연히 낮잠을 자는 것이 좋습니다. 잠에 관련된 연구결과를 보면 낮잠시간은 10~30분 정도가 가장 적당하다고 합니다. 특히 10분 내외의 낮잠이 가장 효과적입니다. 30분 이상 낮잠을 자게 되면 3단계 수면상태(깊은 잠)에 빠지기 쉽습니다. 이때는 부교감신경이 활성화되어 신체적, 정신적으로 너무 이완되지요. 그 상태에서 잠에서 깨면 기운이 없고 의욕도 없는 멍한 상태에 빠지게 됩니다. 또한 뇌가 다시 활성화되기까지 시간이 걸립니다. 10분 내외로 수면을 취하면 2단계 수면까지만 '진행된 상태에서 뇌가 깨어나므로 공부하는 데 훨씬 효율적입니다. 하지만 졸리지 않는데도 억지로 낮잠을 잘 필요는 없습니다.

시간의 진정한 주인 되기

여러분은 자신이 시간의 진정한 주인이라고 생각하고 있나요? 자신이 방과 후 시간을 어떻게 보내고 있는지 분단위로 한번 적어보세요. 무심코 TV 앞에 앉아 보려고 생각지도 않았던 영화를 끝까지 봐버린 시간 1시간 10분, 컴퓨터를 하고 있는데 갑자기 메신저를 통해 말을 걸어온 친구와 수다 떨기 20분. 이렇게 보낸 시간의 주인이 진정 자신이라고 말할 수 있을까요? 나는 지금 여러분이 시간을 헛되이 보냈다고 나무라는 것이 아닙니다. 단지 여러분이 시간을 통제하고 있지 않을 수 있다는 사실을 깨닫길 바라는 것이지요.

앞에서도 언급했지만 우리는 수많은 자극 속에서 살아가고 있습니다. 이러한 자극에 계속 노출되다 보면 게임을 하지 못해서 조바심이 들거나, 친구들이 노는 데 동참하지 못해서 불안해하는 등의 증상이 나타납니다. 이것은 모두 여러분이 시간의 주인이 아니라 하인이 될 때 나타나는 현상이지요. 왜 공부를 잘하는 데 시간의 주인이 되는 것이 중요할까요? 그것은 이런 저런 외부의 자극에 반응하면서 시간을 보내면 정작 휴식을 위한 시간을 가질 수 없기 때문입니다. 그러면 에너지가 금세 소진되어 버리겠죠.

시간의 진정한 주인이 되고 열정을 잃지 않기 위해서는 몇 가지 원칙이 필요합니다. 첫째는 한 번에 한 가지 일을 하는 것입니다. 많은 학생들이 공부를 하면서 음악을 듣거나, 공부하는 도중에 문자를 보내곤 합니다. 두 가지 일을 동시에 하면 효율적일 것 같지만 실제로는 그렇지 못합니다. 동시에 여러 가지를 하다보면 주의력이 분산되고 뇌가 산만해져 집중력이 떨어집니다.

두 번째는 혼자 있는 시간을 잘 보내는 것입니다. 혼자 있는 시간이야 말로 불필요한 자극에서 벗어나 자신에게 집중할 수 있는 시간입니다. 혼자 있는 시간이 지루하거나 심심하다고 생각하지 마세요. 심심하다는 생각에 빠지면 자극적인 것을 찾게 되고 게임기나 핸드폰 등을 찾는 습관이 생기기 쉽습니다. 기다림을 즐기고 혼자서 생각하는 것에 익숙해지기 바랍니다. 혼자 있는 시간이야말로 열정과 창의력을 재충전하는 시간입니다.

세 번째는 사람들과의 관계에서 진을 빼지 않는 것입니다. 청소년기에는 친구가 소중하고 친구관계에 많은 에너지를 소비하게 됩니다. 그러나 친구들과 놀면서도 마음이 불편하거나, 자신이 해야 할 일을 못하고 있다면 그것은 주객이 전도된 것입니다. 사람들과의 관계에서 모든 것을 소모해버리면 자신에게 투자할 에너지를 잃게 됩니다. 적절하게 즐길 줄 알아야 합니다.

네 번째는 시간계획을 짜는 것입니다. 알게 모르게 흘려보내는 시간을 관리하기 위해서는 일정한 시간계획이 필요합니다. 잠자는 시간, 학교가는 시간, 학원가는 시간 같은 규칙적인 활동을 시간계획의 기준으로 삼을 수 있습니다. 규칙적인 활동과 더불어 본인의 리듬에 따라 하루 중 가장 집중할 수 있는 황금시간(golden time)을 정하고 그 시간에 어떤 공부를 할 것인지 생각합니다. 황금시간에 가장 중요하고 반드시 해야 할 일을 하는 습관을 기르고 그 시간은 양보하지 말아야 합니다.

마지막으로 항상 현재를 살아야 한다는 것입니다. 과거에 대한 미련과 후회, 미래에 대한 걱정과 불안으로 현재에 충실하지 못한다면 우리의 삶은 결코 나아지지 않습니다. 과거와 미래도 소중하지만 우리가 통제할 수 있는 시간은 현재뿐이라는 사실을 잊지 말아야 합니다.

'지금 여기'에 집중하기

김연아 선수가 그랑프리 파이널에서 우승하고 나서 한 인터뷰가 기억나네요. "집중력이 우승의 비결이에요." 공부를 잘하는 데 집중력이 중요하다는 것은 여러분도 잘 알고 있을 것입니다. 집중력은 인간의 여러 능력 중에서도 노력을 통해서 높일 수 있으며, 그 효과가 가장 크게 나타나는 능력입니다. 만약 집중이 잘되지 않는다면 무엇이 집중을 방해하는지 살펴봐야 합니다. 졸음이나 피곤함 등의 생리적 요인, 머릿속에 떠오르는 잡념, 걱정이나 불안, 멍해지는 느낌, 외부에서 들리는 소리에 대한 예민함, 좀이 쑤시는 느낌 등. 자신에게 어떤 문제가 있는지 자각하고 해결방법을 고민해보세요.

집중력에는 열정과 에너지, 기분, 동기의 정도, 집중력의 대상, 신체 리듬과 각성수준, 과거경험 등 매우 다양하고 복잡한 변수가 작용합니다. 마치 날씨와 같지요. 날씨를 예측하는 데도 수많은 변수들이 작용하기 때문에 인간이 아닌 슈퍼컴퓨터가 사용되지요. 그러나 집중력은 날씨보다 조절하기가 훨씬 용이합니다. 집중력은 훈련을 통해서 개선할 수 있는 능력입니다.

집중이란 한 마음으로 '지금 이 순간'을 완전히 느끼는 것을 말합니다. 지금 내가 하고 있는 행위를 자각하고 감정적으로 완전하게 느끼는 것이지요. 집중을 할 때는 목표와 생각 그리고 감정이 하나가 됩니다. 게임을 할 때 집중이 잘되는 것은 이기겠다는 분명한 목표와 게임을 하고 있다는 생각 그리고 게임이 재미있다는 감정이 하나가 되기 때문입니다. 마찬가지로 공부에 집중하기 위해서는 계획한 시간 동안의 공부 목표가 분명해야 하고 공부에 대한 생각을 하며 공부가 재미있다는 감정을 느낄 수 있어야 합니다.

이 순간을 느끼기 위해서는 '지금 여기'에 대한 명확한 인식이 필요합니다. 집중이 되지 않는 것은 마음의 에너지가 '지금 여기'에 있지 않기 때문입니다. '여기'란 공간적으로 내가 어디에 있는지 자각하는 것을 의미합니다. 몸과 마음이 한 곳에 있어야 에너지가 모입니다. 몸은 공부방에 있는데 마음은 노래방에 있다면 당연히 집중이 되지 않습니다. 우리의 몸은 쉽게 마음과 멀어집니다. 집중이 되지 않는다면 먼저

‘너 지금 어디에 있니?’라고 자신에게 물어봄으로써 ‘여기’가 어딘지 자각해야 합니다. 그리고 몸이 있는 곳으로 마음을 불러와야 합니다.

‘지금’이란 시간적으로 현재를 자각하는 것입니다. 더 정확하게는 ‘이 순간’입니다. 이 순간에 잠을 자도 되고 공부를 해도 되고 컴퓨터를 할 수도 있습니다. 우리는 얼마든지 현재의 시간을 생산적인 일에 사용하도록 선택할 수 있지만 그렇게 하지 않습니다. 지나간 일을 아쉬워하고 미련을 느끼지요. 아무리 과거를 생각한다 해도 변하는 것은 하나도 없습니다. 과거뿐만이 아닙니다. 우리는 미래의 일을 생각하면서도 많은 에너지를 소모합니다. 미래에 대해 걱정하고 앞으로 다가올 즐거운 일로 마음이 들뜨기도 합니다. 집중이 되지 않는다면 내가 ‘지금’을 느끼지 못하고 과거와 미래에 마음을 빼앗기고 있는 것은 아닌지 스스로에게 물어보기 바랍니다. ‘지금 여기’를 느끼고 자각할 수 있다면 집중력은 한결 좋아질 수 있습니다.

지난 일주일간 나의 집중력은 어떠했는가?

1. 일주일간 자신의 집중력은 평균적으로 어떠했나요?

5 아주 좋았다 4 좋은 편이다 3 보통이다
2 좋지 못한 편이다 1 아주 좋지 않았다

2. 마음먹은 일에 대한 실행력은 어떤가요?

5 반드시 한다 4 하는 편이다 3 반쯤 한다
2 별로 하지 않는다 1 대부분 하지 않는다

3. 집중을 하고자 하는 마음을 가지고 있었나요?

5 매우 그렇다　　　　**4** 꽤 그런 편이다　　　　**3** 보통이다

2 마음이 강하지 않다　　**1** 그렇지 않다

4. 마음만 먹으면 집중하는 데 큰 어려움이 없었나요?

5 항상 그렇다　　　　**4** 자주 그렇다　　　　**3** 그런 편이다

2 가끔씩은 어렵다　　**1** 집중이 잘 안된다

5. 공부할 때 재미를 느끼나요?

5 자주 느낀다　　　　**4** 가끔씩 느낀다　　　　**3** 간혹 느낄 때가 있다

2 거의 느끼지 못한다　**1** 항상 재미없다

6. 공부할 때 목표를 세우고 하나요?

5 항상 세운다　　　　**4** 세우는 편이다　　　　**3** 가끔 세운다

2 그냥 할 때가 많다　**1** 전혀 세우지 않는다

7. 새로운 일에 호기심이나 궁금증을 많이 느끼나요?

5 아주 많은 편이다　　**4** 자주 느낀다　　　　**3** 가끔씩 느낀다

2 호기심이 많지 않다　**1** 거의 못 느낀다

8. 책을 보면 다른 생각이나 잡념이 자주 생기나요?

5 거의 그렇지 않다　　**4** 가끔씩 생긴다　　　**3** 생기는 편이다

2 꽤 생긴다　　　　　**1** 자주 생긴다

9. 공부를 끝낸 다음 공부한 내용을 어느 정도 기억하나요?

5 자세히 생각난다　　**4** 부분적으로 생각난다　**3** 약간 생각난다

2 거의 생각 안난다　　**1** 전혀 생각 안난다

10. 공부할 때 시간의 속도가 어떻게 느껴지나요?

5 빨리 지나간다   4 빨리 지나가는 편이다   3 보통이다

2 천천히 지나가는 느낌   1 아주 느리다

11. 공부할 때 마다 뭔가 새로운 것을 배우게 되나요?

5 항상 그렇다   4 자주 그렇다   3 그런 편이다

2 가끔씩 그렇다   1 거의 그렇지 않다

※ 20점 이하 : 심한 집중력 부족이 의심되며 치료가 필요한 상태
　21~30점 : 집중력이 부족한 상태로 개선하기 위한 노력이 필요함
　31~40점 : 큰 문제는 없으나 좀 더 노력한다면 더 나은 결과를 얻을 수 있음
　41점 이상 : 집중력이 우수한 상태.

부록

나만의 공부법 찾기

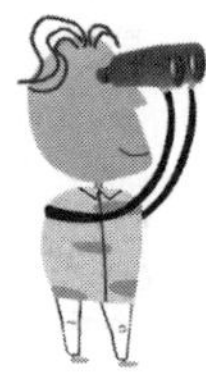

나만의 전략과 전술을 만들자

여러분의 마음과 태도에 문제가 없고 열심히 공부했는데도 노력한 만큼 성과가 나오지 않는다면 그것은 공부 전략과 기술에 문제가 있기 때문입니다. 우선 기본적인 학습원칙을 지키면서 공부했는지 살펴봐야 합니다. 학습의 기본원칙은 다음과 같습니다.

- 수업시간에 충실하며 집중해서 듣고 있는가?

- 적절한 시간에 복습과 반복을 하고 있는가?

- 무조건 외우려고 하지 않고 개념과 이해 위주로 공부하는가?

- 공부시간에 집중력은 잘 유지 되는가?

- 자신이 공부한 것이 얼마나 시험에 출제되고 있는지 아는가?

- 시험에 출제 가능성이 높은 중요한 것부터 공부하고 있는가?

- 공부에 대한 지나친 압박이나 스트레스를 받고 있지는 않은가?

일정기간 동안 성적이 오르지 않거나 오히려 떨어진다면 어떤 변화가 필요한 상태임을 알아차려야 합니다. 변화는 '자기관찰' 과 '깨달음' 에서 시작됨을 잊지 마세요.

공부의 준비단계

운동을 하기 전에 준비운동을 하면 훨씬 효과가 있듯이, 긴장되고 경직된 뇌를 풀어주고 준비된 상태에서 공부를 하면 훨씬 효율적입니다. 육상이나 수영선수들은 준비운동을 얼마나 어떻게 했느냐에 따라 기록이 달라지지요. 공부를 위한 준비에도 3단계가 있습니다. 첫째는 공부환경이고, 두 번째는 공부경로, 그리고 마지막은 뇌의 활성화입니다.

1단계 : 공부환경 점검하기

대부분 사람들은 자기도 모르게 정해진 습관에 따라 행동하는 경향이 있습니다. 공부환경이란 공부와 연관된 기본적인 태도와 습관 그리고 주변 환경의 조절을 총칭하는 말이지요. 건강을 유지하기 위해서는 기본적으로 좋은 깨끗한 환경이 필요하듯이 공부를 잘하기 위해서도 먼저 공부환경이 정비되어야 합니다.

습관은 무의식적으로 형성됩니다. 불면증으로 고생하는 사람들을 보면 흔히 잠이 오지 않는데 억지고 잠을 자려고 하거나 잠을 자야 하는 침대에서 TV를 보는 등 나쁜 습관을 가지고 있습니다. 침대에 누워서 자꾸 다른 행동을 하면 우리 뇌는 침대가 잠을 자는 곳인지 다른 활동을 위한 곳인지 혼동하게 됩니다. 마찬가지로 공부에 집중하지 못하는 친구들도 기본적인 습관에 문제가 있지요. 만약 공부하고자 하는 마음을 먹었다면 먼저 공부하는 습관을 잘 살펴봐야 합니다. 공부환경은 공부기술 획득의 출발점입니다.

많은 학생들이 독서실에서 공부가 잘된다고 합니다. 이는 경험을 통해 독서실이라는 공간에서 공부가 잘된다는 것이 잠재의식 속에 존재하기 때문이지요. 사람마다 차이는 있지만 공부를 잘하는 친구들은 그럴 만한 습관을 가지고 있습니다. 정리정돈 잘하는 아이가 공부를 잘한다는 연구결과는 이미 잘 알려져 있는 사실이지요. 반면 공부에 집중하지 못하는 친구들은 집중력이 흐트러질 수밖에 없는 습관이 몸에 배어 있는 경우가 많습니다. 또한 습관과 태도의 문제를 지적하는 부모와 갈등이 계속되면서 에너지가 낭비되곤 합니다.

공부환경의 점검은 잘못된 생각과 습관을 교정하여 자신의 잠재력을 최대로 발휘할 수 있는 환경을 만들고 좋은 습관을 통해 뇌의 기능을 최적화하는 데 목표가 있습니다. 이는 뇌의 인지행동이론과 기억이론에 근거한 것이며 수면제 없이 불면증을 치료하는 수면위생법과 유사한 원리라고 할 수 있지요. 일단 공부환경이 형성되고 습관화되면 주어진 시간에 집중력이 향상되어 학습 효율이 높아집니다. 뿐만 아니라 학습에 대한 부정적 인식이 사라지고 공부의 기본 틀이 만들어지지요.

공부하고 싶은 마음이 들 때는 어떤 일보다 공부를 우선으로 해야합니다. 햇볕이 들 때 건초를 말리라는 서양 속담처럼 모든 것은 때가 있습니다. 마음이 생길 때를 놓치지 말고 열심히 하다 보면 재미를 느끼게 됩니다.

책상 위에서 공부와 관계없는 물건을 모두 치우도록 합니다. 공부할 때 산만해지는 이유는 시야에 너무 많은 것이 보이기 때문입니다. 컴퓨터와 공부하는 책상도 떨어져 있는 것이 좋습니다. 책상 위에 널려 있는 사진과 핸드폰, 인형, 당장 공부하지 않는 책, 잡동사니에 신경을 빼앗기지 않으려면 정리정돈도 필요합니다. 공부에 필요한 물건만 눈에 띄도록 정돈해서 시야를 좁히는 것이 좋습니다.

공부할 때는 다른 활동을 하지 않습니다. 우리 뇌는 두 가지 활동을 동시에 할 수 없습니다. 한 번에 한 가지씩! 이것은 모든 일의 철칙입니다. 공부할 때는 공부만 하세요. 우리 뇌는 멀티태스킹을 싫어합니다. 공부할 때 문자 보내기, 게임, 인터넷 등은 금지!

책상은 공부할 때만 사용합니다. 공부는 책상에서만 하도록 하고, 공부와 관계없는 활동(간식 먹기, 소설책 보기 등)은 책상을 벗어나서 해야 합니다. 책상을 공부만 하는 공간으로 만들면 책상에 앉아서 공부하는 것이 자연스럽게 느껴지고 집중할 수 있기 때문이지요.

한 곳에서 공부하는 습관을 가집니다. 장소가 자주 바뀌면 적응하는 데 시간이 필요하며 새로운 환경 때문에 주의가 분산될 수 있습니다. 단, 슬럼프가 찾아왔을 때는 장소를 바꿔 공부하는 것이 도움이 됩니다.

쉴 때는 책상을 벗어나서 쉽니다. 공부모드와 휴식모드를 확실히 구별하는 것이 좋습니다. 집중하는 시간과 휴식하는 시간을 명확하게 구분하지 않으면 우리 뇌는 계속 긴장상태에 머물게 됩니다. 휴식을 하면서도 계속 공부를 생각하게 되면 뇌의 집중력은 떨어지기 쉽지요. 공부하던 공간에서 벗어나 가벼운 조깅이나 산책, 공부 이외의 몰입할 수 있는 활동을 하면서 휴식하는 것이 좋습니다.

2단계 : 나의 공부경로 만들기

우리 몸과 뇌의 컨디션은 시시때때로 변합니다. 항상 같은 상태를 유지하는 것은 불가능하지요. 타이거 우즈와 같은 세계적인 운동선수들도 이러한 사실을 잘 알고 있으며 수시로 변하는 마음과 뇌의 상태를 가능한 한 일정하게 유지하기 위한 자신만의 습관을 가지고 있습니다. 그것이 바로 자기만의 '경로' 또는 '의식(Ritual)' 입니다. 예를 들어 퍼팅할 때 타이거 우즈는 다음과 같은 과정을 거칩니다.

공 뒤편에 가서 서기 ➜ 라인과 홀 주변 살피기 ➜ 공 뒤에 앉아 속도와 커브 결정하기 ➜ 공 옆에서 연습스윙 두 번하기 ➜ 양 발을 내밀고 홀을 두 번 더 보기 ➜ 퍼팅

우리 뇌에는 다양한 모드가 있습니다. 만약 여러분이 원할 때 재빨리 공부모드로 전환할 수 있다면 이미 공부에 성공한 것이나 다름없습

니다. 우리 마음과 뇌 속에 작은 방들이 여러 개가 있다고 상상해보세요. 공부방, 친구방, 게임방, 인간관계방, 취미방 등. 우리가 어떤 활동을 할 때 그 활동과 관련된 방 안으로 온전히 들어갈 수 있다면, 항상 최고의 집중력과 컨디션을 유지할 수 있습니다.

'나만의 공부경로' 란 공부모드를 만드는 모든 과정을 말합니다. 또한 공부를 위한 마음의 방으로 들어가기 위한 준비입니다. 자기만의 공부경로를 만들어 매일 공부하기 전에 실천해보세요. 집중력을 높이는 데 큰 효과가 있을 것입니다. 공부경로는 쉽게 따를 수 있는 것이어야 하고 3~5분 안에 끝마칠 수 있어야 합니다. 여러분에게 공부경로의 예를 하나 소개해드리겠습니다. 자신에게 맞게 변형해서 사용해도 좋습니다. 공부경로를 통해 자신의 에너지가 집중되는 것을 느껴보세요.

1. 책상 위를 정리정돈한다.

2. 자신이 만든 계획표를 점검한다.

   (어떤 공부를 얼마동안 얼마만큼 할까?)

3. 고요하고 차분한 감정으로 호흡훈련을 한다.

   (천천히 숨을 내쉬고 내뱉는 것을 5~10회 반복)

4. 내가 '지금 여기' 에 있음을 깨닫는다.

5. 최근에 가장 공부가 잘되었을 때를 떠올리며 그 기분을 느껴본다.

3단계 : 뇌의 활성화

공부할 마음의 준비가 되었다면 다음 단계는 조금씩 뇌를 활성화하는 것입니다. 같은 도로라도 흐름이 원활할 때가 있고 막힐 때가 있습니다. 갑자기 인터넷 속도가 느려지는 것처럼 말이지요. 뇌도 마찬가지입니다. 뇌가 활성화되어야 연상, 추리, 기억 등 공부와 연관된 뇌의 기능이 제대로 발휘됩니다. 그래야만 완전한 공부모드가 되는 것이지요. 뇌의 활성화를 위한 가장 큰 원동력은 '호기심' 입니다. 왕성한 호기심을 가지고 무엇인가를 발견하고 탐구하려는 자세를 가져야 합니다. 미지의 땅을 탐험하는 모험가와 같은 마음을 가져보세요. 자연스럽게 뇌가 활성화될 것입니다. 호기심을 갖기 위한 태도는 다음과 같습니다.

1. 낯선 것에 대한 거부감이나 두려움을 이겨낸다.
2. 주의를 기울여 탐색하듯이 살피는 습관을 갖는다.
3. 스스로에 대해 솔직해진다. 모르는 것이 있다면 그대로 인정한다.
4. 감각기관을 연다. 마음의 눈과 귀를 열고 호기심의 대상을 느끼려고 노력한다.
5. 새로운 것과 마주치면 '왜 그럴까? 어떻게 된 일일까?' 라고 묻는다.
6. 공부의 결과나 시험성적에 대해 부담스러워하지 않는다.

시각과 청각 장애자였던 헬렌 켈러는 다음과 같이 말했습니다. "나는 앞이 잘 안 보이는 사람들에게 한 가지 조언, 아니 경고를 합니다. 마치 내일 시력을 잃어버릴 것처럼 눈을 사용하세요. 다른 감각기관도 그렇게 사용하세요. 마치 내일 청각을 잃어버릴 사람처럼 목소리, 새들의 노랫소리, 오케스트라의 훌륭한 음악을 들으세요. 마치 내일 촉각을 잃어버릴 사람처럼 만지고 싶은 모든 사물을 만지세요. 다시는 냄새를 맡거나 맛을 느끼지 못하게 될 사람처럼 꽃향기를 맡고 빵 부스러기 하나하나의 맛을 즐기세요."

여러분도 헬렌 켈러와 같은 방법으로 공부를 느껴보세요.

뇌를 활성화하기 위한 평소의 자세

1. 뇌를 혹사시키지 말고 적절한 휴식을 취하라.
2. 운동을 통해서 기초체력을 다져라.
3. 하루 1.5리터 정도의 물을 마셔라.
4. 편식하지 말고 골고루 영양을 섭취하라.
5. 시간이 날 때 호흡훈련을 하라.
6. 자신의 상태를 항상 주의 깊게 살펴라.

공부 변수 점검하기

공부에는 생각보다 많은 변수들이 있습니다. 각각의 공부 변수들을 점검하면서 어떤 식으로 공부하는 것이 자기에게 맞는지 생각해야 합니다. 자기와 잘 맞는 변수들을 조합하여 자신만의 공부법을 찾는 데는 꽤 많은 시행착오가 필요합니다. 아래의 변수들 중 자신과 궁합이 맞는 변수들이 있는지 생각해보기 바랍니다. 주의해야 할 점은 자신만의 방법이 있기는 하지만 항상 한 가지 방법을 고집할 필요는 없다는 것입니다. 또한 공부법은 계속 변화하고 발전하는 것이라는 사실을 잊지 말기 바랍니다.

장소

- 책상과 의자는 편안한가?
- 공부하는 장소의 밝기는 적당한가?
- 공부하는 장소가 시끄럽지는 않은가?
- 한 장소에서 공부하는 것이 좋은가, 장소를 바꾸는 것이 좋은가?
- 혼자 있는 곳이 좋은가, 사람이 많은 곳이 좋은가?

시간

- 공부가 가장 잘되는 시간(아침, 점심, 저녁)은 언제인가?
- 1회 공부시간은 어느 정도가 적당한가?
- 공부시간을 규칙적으로 정해놓는가?
- 언제 복습하는 것이 가장 효과적인가?

계획

- 계획의 강도는 느슨한가, 빡빡한가?

- 예습 위주의 계획인가, 복습 위주의 계획인가?

과정

- 좋아하는 과목 먼저 공부하는가, 싫어하는 과목 먼저 하는가?

- 한 과목에 집중하는 편인가, 과목을 번갈아가면서 하는 편인가?

- 하나의 교재에 집중하는가, 여러 가지 교재를 활용하는가?

- 자주 반복해서 공부하는가, 한 번에 완벽하게 이해하고 끝내는가?

- 모르는 것을 혼자 해결하는가, 도움을 요청하는가?

- 암기할 때 같은 방법을 반복하는가, 새로운 방법을 찾는가?

정보를 받아들이는 방식

- 눈으로 보는 것이 편한가(시각적 학습자)? → 형광펜, 표, 그림

- 귀로 듣는 것이 편한가(청각적 학습자)? → 음성파일

- 실제로 해보는 것이 편한가(운동감각적 학습자)? → 쓰기, 실습

- 감각기관을 모두 사용하는 것이 편한가?

공부법과 공부 기술

공부법이란 책에 나오는 새로운 개념이나 문제에 접근해서 그것을 온전한 나의 지식으로 만드는 기술을 말합니다. 공부를 잘한다는 것은

짧은 시간에 집중하여 개념을 이해하고 효율적으로 나의 것으로 만드는 일이지요.

여기서 가장 중요한 접근법은 숲을 먼저 보고 나무를 보는 것입니다. 큰 것을 먼저 기억하는 뇌의 특성을 따라야 하기 때문이지요. 전체적인 내용과 느낌, 개념을 확인하고 세밀한 부분으로 들어가세요. 이 것은 미술시간에 찰흙으로 사람을 만드는 것과 비슷한 합니다. 먼저 철사로 골격을 만든 다음 살을 붙이고, 마지막으로 얼굴표정과 손, 발 동작 같은 세밀한 부분을 마무리했던 것을 기억해보세요.

읽기 - 생각하기 - 이해하고 요약하기 - 기억하기 - 반복하기

책에서 체례와 제목, 굵은 글씨나 다른 색의 글씨 등으로 강조된 것은 중요한 개념이며 골격에 해당합니다. 이에 연관된 설명과 예시, 표나 그림은 골격에 붙는 살에 해당하지요. 숫자나 작은 글씨로 된 참고자료 등은 가장 세밀한 부분이며 가장 나중에 공부해야 하는 부분이기도 합니다. 공부의 달인이라고 불리는 사람들이 이 방법을 선호하는데, 거기에는 그만한 이유가 있습니다.

우선 전체적인 개념을 잡는 데 어려움이 없고 큰 실수를 하지 않을 수 있습니다. 또한 이해가 빠르고 공부가 덜 어렵게 느껴지지요. 마지막으로 자연스럽게 반복학습을 하게 되므로 기억에도 유리합니다. 처음부터 교과서에 적힌 세세한 내용을 모두 기억하려 하지마세요. 전체적인 흐름을 먼저 파악해 굵직한 개념들을 서로 연관시킨 다음 그 빈틈을 채워나간다면 훨씬 효과적으로 기억할 수 있습니다.

공부의 기술을 익히기 위해서는 먼저 공부가 어떻게 진행되는지 알아야 합니다. 낚시가 진행되는 과정을 알지 못한 채 낚시의 기술을 높일 수 없는 것과 마찬가지입니다. 공부의 과정과 결과를 중심으로 공부를 바라보면 4가지 핵심적인 기술을 알 수 있습니다. 바로 공부의 핵심적인 두 가지 과정인 '인식' 과 '반복' 그리고 공부의 결과인 '이해'와 '기억' 이지요.

공부는 배우고 익히는 것이 학습인데 '인식' 은 학(學)이고 '반복' 은 습(習)을 의미합니다. 인식이란 어떤 것을 접하고 받아들이는 것을 말합니다. 그리고 인식은 단기기억을 만들지요. 인식된 내용을 적절하게 반복하면 단기기억이 장기기억으로 바뀌어 쉽게 잊어버리지 않게 됩니다. 우리가 영어단어를 외울 때 여러 번 소리 내어 말하거나, 공책에 열 번씩 적어 가는 숙제를 하는 것도 이 때문이지요. 인식과 반복은 모두 나름의 중요성을 가지고 있어 한 가지라도 문제가 생기면 배움은 제대로 일어나지 않습니다. 공부를 잘하는 방법이란 곧 인식을 잘하는 방법이며 반복을 잘하는 방법이기 때문이지요.

공부하는 두 가지 과정이 인식과 반복이라면, 공부의 결과는 '이해'와 '기억' 입니다. 물론 어떤 정보든 이해해야 기억이 잘되지만, 정보의 내용에 따라서는 이해하고 넘어가면 되는 것도 있습니다. 가령 어떤 글의 주제나 작가의 의도, 임진왜란이 일어난 이유와 같은 내용은 이해의 영역입니다. 반면 중력가속도나 임진왜란이 일어난 연도는 암기가 필요한 내용이지요. 공부를 잘하는 방법은 이해와 기억을 잘하는 방법이라고도 말할 수 있습니다. 공부할 내용을 접할 때 어떤 것이 이해해야 할 정보이고, 암기해야 할 정보인지 잘 구분해야 쓸데없는 노력을 피할 수 있습니다. 또한 자신이 이해와 암기 중 어떤 것을 더 어렵게 느끼는지도 생각해보세요. 그리고 부족한 부분을 더 집중적으로 연습해야 효율적으로 공부할 수 있습니다.

인식의 기술

여러분은 오늘 길에서 본 사람들의 얼굴을 떠올릴 수 있나요? 아니면 길에서 본 간판들을 기억할 수 있나요? 아마 대부분 생각나지 않을 것입니다. 왜냐하면 보기는 했지만 인식되지는 않았기 때문이지요. 눈으로 본다고 해서 모두 인식되는 것은 아닙니다. 사물을 보거나 어떤 소리를 듣게 되면 그것은 뇌의 뒤쪽에 있는 시각피질과 청각피질로 전달됩니다. 그러나 주의를 기울이지 않으면 곧 사라져버리지요. 만약 보고 들은 것에 주의를 기울이고 생각하면 정보는 뇌의 앞쪽으로 옮겨지고, 뇌는 이정보에 의미를 부여하는데 그것을 인식이라고 합니다.

인식이란 눈이 보고 귀가 듣는 행위를 넘어서 뇌가 보고 뇌가 듣는 것을 의미하며 비로소 뇌에 정보가 입력되었다는 것을 뜻합니다. 이러한 인식을 높여주는 방법은 여러 가지가 있지요. 아래에 소개하는 방법 중 한두 가지만 사용해도 충분히 효과를 볼 수 있을 것입니다.

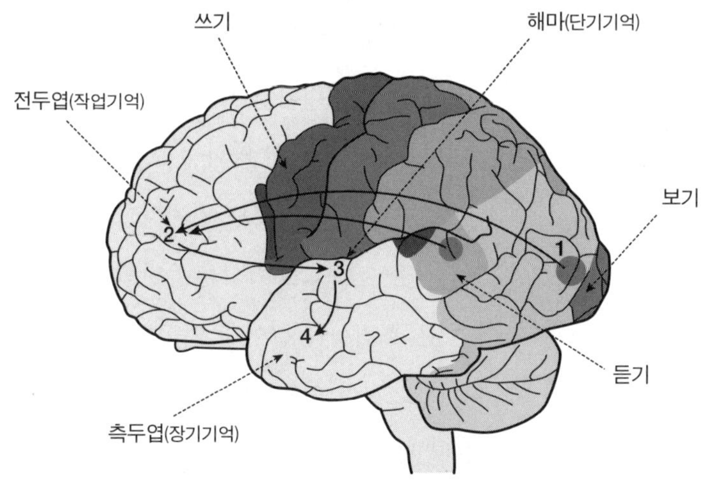

인식을 위한 첫 번째 기술은 주의력을 기울이는 것입니다. 대상에 정신을 집중하고 주의력을 기울일 때 우리는 그것을 정확히 인식하게 됩니다. 자신의 관심과 에너지, 열정을 모아 공부하는 대상에 주의를 기울이는 것이 가장 평범하면서도 비범한 인식의 기술입니다.

두 번째는 자신이 무엇을 하고 있는지 스스로 아는 것입니다. 내가 무엇을 보고 있고 어떤 것을 듣고 있다는 사실을 깨닫고 의식할 때 인식능력은 커집니다. 또한 무엇을 보거나 듣고 있음을 의식하게 되면 '관찰' 능력이 커집니다. 관찰 능력은 수동적인 보기를 적극적인 보기로 바꾸어주지요. 공부의 시작은 관찰입니다. 어떤 사물을 주의 깊게 살펴보면 전체적인 흐름, 공통점과 차이점 그리고 개념과 원리를 발견하게 됩니다. 목욕탕에서 부력을 발견한 아르키메데스, 중력을 발견한

뉴턴, 지구가 둥글다고 주장한 갈릴레이 모두 주위에서 일어나는 일을 주의 깊게 관찰하여 공통점과 원리를 발견한 사람들이지요.

인식의 세 번째 기술은 개인적인 의미와 연관성을 부여하는 것입니다. 책을 볼 때 이미지를 머릿속에 그리면서 영화를 보듯 책을 읽을 수 있습니다. 또 책을 쓴 사람이 나에게 직접 보낸 편지라고 생각하며 읽는 것도 공부 내용과의 연관성을 높이고 호기심을 유발합니다. 스스로에게 의미를 부여하는 능력은 호기심을 끌어내 인식능력을 키워줍니다. 자신과 공부의 대상이 서로 깊이 연관되어 있다고 생각하면 동영상이나 사진을 보듯이 책에 생명력을 부여할 수 있습니다. 책을 살아 있게 만든다면 공부한 내용도 오랫동안 머릿속에 살아 있겠지요.

인식의 네 번째 기술은 다양한 감각기관을 활용하는 것입니다. 예를 들어 손가락으로 한 문장씩 짚어가면서 읽거나 마음속으로 소리 내어 말하는 것이지요. 쓰면서 공부하는 것은 눈으로만 공부하는 것보다 뇌를 더 많이 자극할 수 있으므로 보다 효과적입니다. 눈으로만 책을 보면 책을 덮었을 때 시각적 자극이 사라지기 때문에 잘 기억나지 않을 수 있습니다. 책의 내용을 그림으로 시각화하는 방법도 우뇌를 자극해 인식능력을 높여줍니다. 공부한 내용 간의 상호관계를 간단한 그림이나 모형으로 그리면 더욱 선명하게 오랫동안 기억할 수 있습니다.

반복의 기술

반복은 뇌가 정보를 오랫동안 기억하는 '장기기억'을 만들기 위한 필수적인 과정입니다. 무엇이든 반복하다 보면 처음보다 재미가 반감되고 지루할 수 있다. 그러나 뇌는 반복하지 않으면 기억하지 못합니다. 실제로 일류대학에 입학한 수험생들이 공부에서 가장 중점을 둔 부분도 복습이었습니다.

반복에는 가장 중요한 것이 두 가지가 있습니다. 첫 번째는 반복의 시간인데 처음 공부하고 나서 24시간 이내에 반복하는 것이 핵심입니다. 망각곡선에 따르면, 배우고 나서 24시간 이내에 잊어버리는 것이 가장 많습니다. 또한 정보가 최대한 많이 남아 있을 때 반복하면 시간을 단축할 수 있습니다. 두 번째 하는 반복은 4~7일 사이에 하면 됩니다. 여러 차례 반복하는 것이 가장 좋지만 해야 할 공부가 너무 많으므로

▌망각곡선

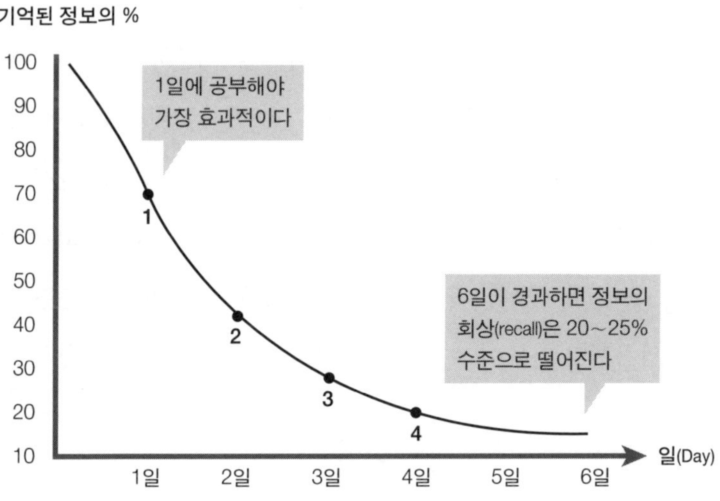

적절하고 효율적인 반복 스케줄이 필요합니다. 공부를 하면서 각자 자신에게 맞는 반복 스케줄을 찾으려고 노력해야 합니다.

두 번째는 반복의 대상입니다. 이미 알고 있는 것을 반복하느라 시간을 낭비할 필요는 없겠지요. 아는 것을 반복하는 것은 공부를 지루하게 할 뿐입니다. 모르는 것과 중요한 것을 중심으로 반복해야 합니다. 그러기 위해서는 내가 모르는 것이 무엇인지를 정확히 알아야 합니다. 평소 공부할 때 책에 자신이 아는 것, 적당히 아는 것, 모르는 것을 기호로 만들어 단락별로 표시하는 습관을 가지는 것이 좋습니다. 표시를 잘 해두면 효율적인 반복에 큰 도움이 됩니다. 당연히 반복할 때마다 표시가 달라져야겠지요.

반드시 알아야 하는 개념이나 수식 혹은 단어나 숙어를 암기카드에 적어서 반복하는 것도 좋은 방법입니다. 카드를 보관하는 통에는 두 가지가 있습니다. 하나는 현재 반복하여 보는 카드를 보관하는 통(주전카드)이며, 다른 하나는 반복이 끝난 카드를 보관하는 통(후보카드)입니다. 평소 공부는 주전카드 통 위주로 하며 주말이나 월말에 한 번씩 후보카드 통을 훑어줍니다. 만약 모르는 카드가 나오면 다시 주전카드 통으로 옮깁니다. 이런 식으로 반복하면 효율도 높아지고 게임방식으로 재미있게 공부할 수 있는 장점이 있습니다. 카드의 분량이 늘어나면 과목별로 나누어 카드를 만들고 보관하는 것도 좋습니다.

이해의 기술

이해는 가장 고차원적인 공부기술입니다. 이해의 폭을 넓힐 수 있다면 암기에 대한 부담을 줄일 수 있으며 공부의 기쁨을 느낄 수 있기도 하지요. 그러나 그만큼 쉽지 않은 영역이기도 합니다. 이해가 어려운 가장 큰 이유는 새로운 용어나 개념을 정확히 알지 못하기 때문입니다. 예를 들어 스키마*schema*, 패러다임*paradigm* 등의 용어가 나왔다고 가정해봅시다. 만약 용어의 뜻을 정확히 알지 못한다면 순간 뇌는 위축되고 이해하는 데 어려움이 생깁니다.

이해능력을 높이기 위해서는 우선 용어나 개념에 대한 공부를 철저히 해야 합니다. 책에 나와 있는 설명으로 충분히 이해되지 않는다면 자기만의 언어로 쉽게 설명할 수 있을 정도로 내용을 숙지할 필요가 있습니다. 사자(lion)를 모르는 사람에게 사자에 대해 설명해야 한다고 생각해보세요. 책이나 텔레비전에서 보았던 사자의 이미지와 행동이 떠오를 것이며 그것을 토대로 사자에 대해 어렵지 않게 이야기할 수 있습니다. 특별히 외우지는 않았지만 사자에 대한 개념을 갖고 있기 때문에 가능한 것입니다. 그러나 반대로 세상에 존재하지 않는 괴물을 설명하고 이해해야 한다면 어떨까요? 우리가 머릿속으로 떠올리기 힘든 개념은 이해하기도 쉽지 않습니다.

개념이란 이처럼 무엇인가를 구체적으로 머릿속에 떠올릴 수 있는 것을 말합니다. 정확한 개념을 가지고 있다는 것은 공부한 내용을 머릿속에 그림처럼 떠올릴 수 있는 것을 의미하지요. 개념이나 용어는 집을 짓는 벽돌처럼 공부의 기본적인 재료이며 이해의 밑바탕이 됩니다. 개념을 모르는데 개념간의 관계를 설명할 수 있을까요? 구석기 시대와 신석기 시대의 개념을 모르는 학생들에게 그 둘의 차이점과 시대상의 변화를 설명하기란 쉽지 않습니다.

두 번째는 앞뒤를 살펴보며 전체적인 맥락을 아는 것입니다. 만약 구글에서 구글 어스*Google-earth* 프로그램에 '자메이카'를 검색하면 지구 전체를 보여줬다가 자메이카가 있는 중앙아메리카의 카리브 해로 좁혀들어 갑니다. 일단 지구 위에 중앙아메리카가 어느 위치에 있는지 알아야 자메이카의 위치도 가늠할 수 있는 것이지요. 이처럼 전체적인 맥락과 세부 정보간의 연관성을 알 수 있어야 이해가 원활해집니다. 전체적인 내용을 훑어보면서 핵심내용이 처음에 있는지 아니면 제일 마지막에 있는지, 주제를 뒷받침하는 사례는 어떤 것인지 살펴보고 글의 구조를 이해하려고 노력해야 합니다. 수업을 듣거나 교과서를 읽었을 때 내용을 5~10문장으로 요약하는 연습을 꾸준히 하는 것도 좋은 방법입니다.

세 번째는 연상과 연관능력입니다. 모든 지식은 나름의 연결고리를 가지고 있습니다. 새로운 내용이라도 전에 배운 내용이나 이미 내가 알고 있는 지식과 연관되어 있을 가능성이 높지요. 어떤 식이든 정보간의 연관성을 찾아내고 연결시킬 수 있으면 이해하는 능력은 커집니다. 예를 들어 조선시대에 왜 갑자기 사대부 계층이 나타나게 되었는지는 고려시대 말의 혼란한 시대배경과 연관성이 깊지요. 조선시대에만 집중한다면 원하는 답을 찾을 수 없습니다. 배경지식이 많을수록 연상이나 연관능력이 커지므로 개인적인 경험과 독서경험을 통해서 충분한 배경지식을 쌓아야 합니다.

기억의 기술

오랫동안 잊히지 않는 기억을 만드는 것이 '뇌'의 관점에서 공부의 목표라고 할 수 있습니다. 장기기억이 만들어진다는 것은 뇌 안에 기억과 연관된 물질이 만들어지고 뇌세포(뉴런) 사이의 새로운 연결이 생기는 것을 의미합니다.

기억을 잘하려면 우선 뇌의 기억방식에 대한 이해가 필요합니다. 우리 뇌는 실수와 반복을 통해서 자연스럽게 기억하지요. 따라서 잘못한 행동이나 실수를 부끄럽게 생각하지 않아도 됩니다. 오히려 기억을 잘하기 위한 기회로 받아들여야 합니다. 오답노트의 중요성이 여기에 있습니다. 틀렸을 때 왜 틀렸는지를 이해하면 기억하기가 쉬워집니다. 반복하는 것이 기억의 중요한 기술임을 잊지 말기 바랍니다.

두 번째 기억의 기술은 뇌에 '베이스캠프'를 만드는 것입니다. 히말라야 산을 정복하기 위해서는 먼저 산 아래에 베이스캠프를 설치합니다. 날씨가 좋지 않거나 여건이 나빠질 때 대피할 수 있는 장소를 준비하는 것이지요. 기억은 높은 산을 정복하는 과정과 같습니다. 공부양이 너무 많을 때는 전부다 정상에 올려 보내지 않고 베이스캠프에 어느 정도 남겨 두는 것이지요.

세 번째 기억의 기술은 기억의 단서를 만드는 것입니다. 형사가 범인을 잡기 위해 단서를 찾듯이 기억을 떠올리기 위해서는 나름의 단서가 필요합니다. 앞 글자 따기(빨주노초파남보, 태정태세문단세), 문장이나 이야기 만들기, 위치 정하기, 공통된 것으로 묶기, 기호로 만들기 등은 모두 기억의 단서가 되어 연상을 쉽게 만들어 줍니다. 잘 외워지지 않거나 너무 외워야 할 것이 많을 때는 자기만의 단서를 만들어 기억하는 것이 효과적입니다. 기억법에 관한 책이 시중에 많으므로 참고하는 것도 좋습니다.

네 번째 기술은 공부할 때의 분위기를 함께 기억하는 것입니다. 수업내용을 기억하기 위해서는 교실의 분위기, 칠판의 글씨, 선생님의 목소리나 표정, 수업 당시의 기분 등을 떠올리면 기억력이 자극됩니다. 공부한 내용을 떠올리려면 공부방의 분위기, 공부했던 교재나 자신이 표시하고 요약했던 것, 공부할 때의 마음이나 감정 상태를 생각해보기 바랍니다.

자기관찰과 공부일기

책상에 앉아서 공부한 자신을 관찰하는 것(self monitoring)은 그날 공부의 마무리이자 다음 날 공부를 준비하는 공부기술의 가장 핵심적인 부분입니다. 자신의 공부행위를 잘 지켜보고 느낄 수 있다면 항상 변화하고 발전할 수 있습니다. 스스로에게 변화의 동기를 심어주기 때문이지요. 하루의 일과가 끝났을 때 공부를 열심히 했건 아니건 간에 자신을 돌아보는 시간을 가져야 합니다.

공부내용과 과정 등을 시간별 과목별로 꼼꼼히 체크해보세요. 그리고 자신이 세운 목표에 얼마나 다가갔는지 그 성취도를 분석해야 합니다. 만약 목표에 미치지 못했다면 자신의 공부전략·집중력·자세·감정·기억방법 등에 비효율적인 면은 없는지 고민해보세요.

그리고 무엇보다 중요한 것은 기록을 남기는 것입니다. 이 기록을 공부일기라고 부르지요. 날짜와 시간 그리고 공부한 과목과 내용을 간략히 기록하고 공부방법이나 자신의 기분에 대한 느낌을 적어보세요. 이것은 되도록 매일 하는 것이 좋습니다. '하루쯤 빼 먹어도 되겠지'라고 생각하다 보면 작심삼일이 되기 쉽지요. 사람들이 다이어트에 실패하는 이유는 다이어트 방법을 모르기 때문이 아닙니다. 처음부터 목표와 계획을 습관으로 만들지 못했기 때문이지요.

공부도 마찬가지입니다. 아무리 훌륭한 전략과 기술을 알고 있더라도 그것을 습관화하지 못하면 결과는 실패일 수밖에 없습니다. 여러분은 초등학교부터 고등학교까지 12년 동안 학교를 다닙니다. 당연히 원하는 성적이 나오지 않아 슬럼프에 빠지거나 지치기도 할 것입니다. 공부라면 넌덜머리가 날 수도 있습니다. 그러나 그때마다 자신의 목표를 떠올리고 하루하루 자신의 각오를 새롭게 한다면 극복할 수 있습니다. 이를 위해서 공부일기를 적극 활용하세요. 공부일기는 여러분의 공부를 위한 체크리스트가 될 것입니다.

여러분은 공부일기를 통해 자신과 대화할 수 있습니다. 스스로 격려하고 목표를 상기시키며 내일도 오늘과 같은 마음가짐으로 즐겁게 공부할 수 있도록 도와줄 것입니다.

2007년 5월 10일

오늘의 공부목표		오늘의 공부성과
· 수학 문제집 방정식 단원 풀고 오답노트 작성 · 영어 7단원 복습과 단어정리	19시~21시	총 20문제를 풀었는데 6개가 틀렸다. 틀린 문제와 관련된 공식을 오답노트에 함께 정리했다. 3일 후에 오답 문제를 다시 한 번 풀어봐야겠다.
	21시~ 21시 30분	30분 20분간 엎드려 잤다. 원래 10분만 자려고 했는데 20분을 자버려서 잠이 깨는데 10분이 더 걸렸다.
	21시 30분 ~23시	오늘 영어시간에 배운 7단원을 다시 해석해봤다. 해석이 잘 되지 않는 문장은 단어노트에 함께 정리했다. 정리한 단어는 마지막에 스스로 단어시험을 봤다. 2개 틀림.
성취도 90%		**감상**
잠을 좀 길게 자는 바람에 30분 더 공부해야 했다.		음악을 들으면서 공부하고 싶은 걸 참느라 혼났다. 내 생각엔 음악을 들으면 공부가 더 잘되는 것 같은데, 좀 시간이 걸리긴 했지만 오늘 목표를 모두 달성해서 뿌듯하다.

김정수

지은이

가톨릭 의과대학을 졸업하고 동 대학원에서 박사학위를 받은 정신과 전문의이다. 가톨릭대학교 성빈센트병원과 대전성모병원에서 임상강사와 전임강사로 연구와 강의를 했다. 현재는 서울 삼성동 성모의원(www.clinicsm.com)의 공동원장과 SM스트레스통증연구소 소장을 맡고 있다.

특히, 마음과 뇌를 통하여 청소년들의 학습부진의 원인과 그 해법을 전문적으로 연구하고 있으며, 100등을 전교 1등으로 만든 학습 클리닉으로 학부모들 사이에서 명성이 높다. 조선일보와 중앙일보 등 여러 언론에 학습부진과 정신건강에 관한 칼럼을 기고하고 있으며, 중학 독서평설에 '닥터김의 학습클리닉'을 연재 중이다.

한언의 사명선언문

Since 3rd day of January, 1998

Our Mission   - · 우리는 새로운 지식을 창출, 전파하여 전 인류가 이를 공유케 함으로써 인류문화의 발전과 행복에 이바지한다.

  - · 우리는 끊임없이 학습하는 조직으로서 자신과 조직의 발전을 위해 쉼없이 노력하며, 궁극적으로는 세계적 컨텐츠 그룹을 지향한다.

  - · 우리는 정신적, 물질적으로 최고 수준의 복지를 실현하기 위해 노력하며, 명실공히 초일류 사원들의 집합체로서 부끄럼없이 행동한다.

Our Vision   한언은 컨텐츠 기업의 선도적 성공모델이 된다.

저희 한언인들은 위와 같은 사명을 항상 가슴 속에 간직하고
좋은 책을 만들기 위해 최선을 다하고 있습니다.
독자 여러분의 아낌없는 충고와 격려를 부탁드립니다.
· 한언 가족 ·

HanEon's Mission statement

Our Mission   - · We create and broadcast new knowledge for the advancement and happiness of the whole human race.

  - · We do our best to improve ourselves and the organization, with the ultimate goal of striving to be the best content group in the world.

  - · We try to realize the highest quality of welfare system in both mental and physical ways and we behave in a manner that reflects our mission as proud members of HanEon Community.

Our Vision   HanEon will be the leading Success Model of the content group.